Evangelisch in München

Kleine Münchner Geschichten

Herausgegeben von
Thomas Götz

Andreas Gössner

Evangelisch in München

Spuren des Protestantismus von der Reformationszeit bis zum Beginn des 19. Jahrhunderts

Verlag Friedrich Pustet
Regensburg

»München will gar nicht erörtert, München will gelebt und geliebt sein.« Wer möchte Ernst Heimeran (1902–1955), dem dieses so urmünchnerisch klingende Leitmotiv zugeschrieben wird, ernsthaft widersprechen? Doch vielleicht wird man ihn ergänzen dürfen, ihn, den großen Verleger und Autor, der in Schwabing das Gymnasium besuchte und wie viele als „Zuagroaster“ in München Wurzeln schlug: Die Liebe zur ersten oder zweiten Heimat schließt die Kenntnis über sie nicht aus – und umgekehrt.

Die Geschichte einer Stadt ist ebenso unerschöpflich wie die Geschichten, die in ihr spielen. Ihre Gesamtheit macht sie unverwechselbar. Ob dramatische Ereignisse und soziale Konflikte, hohe Kunst oder niederer Alltag, Steingewordenes oder Grüngebliebenes: Stadtgeschichte ist totale Geschichte im regionalen Rahmen – zu der auch das Umland gehört, von dem die Stadt lebt und das von ihr geprägt wird.

München ist vergleichsweise jung, doch die über 850 Jahre Vergangenheit haben nicht nur vor Ort, sondern auch in den Bibliotheken Spuren hinterlassen: Regalmeter über Regalmeter füllen die Erkenntnisse der Spezialisten. Diese dem interessierten Laien im Großraum München fachkundig und gut lesbar zu erschließen, ist das Anliegen der *Kleinen Münchner Geschichten* – wobei *klein* weniger kurz als kurzweilig meint.

So reichen dann auch 140 Seiten, zwei Nachmittage im Park oder Café, ein paar S- oder U-Bahnfahrten für jedes Thema. Nach und nach wird die Reihe die bekannteren Geschichten neu beleuchten und die unbekannteren dem Vergessen entreißen. Sie wird die schönen Seiten der schönsten Millionenstadt Deutschlands ebenso herausstellen wie manch hässliche nicht verschweigen. Auch Großstadt kann Heimat sein – gerade wenn man ihre Geschichte(n) kennt.

Dr. Thomas Götz, Herausgeber der Buchreihe, lehrt Neuere/Neueste Geschichte an der Universität Regensburg und forscht zu Stadt und Bürgertum in der Neuzeit.

Inhalt

Einleitung oder: Vom Mythos der Katholizität Bayerns und Münchens

Bayern und seine Hauptstadt München sind berühmt für den Gerstensaft und die Geschichten um den Märchenkönig Ludwig II. und nicht zuletzt auch für die Vormacht des Katholizismus. Gleich einem Mythos, der der weltanschaulichen Verortung einer Gemeinschaft dient, gehörte der Katholizismus noch bis weit ins 19. Jahrhundert hinein selbstverständlich zur Identität der meisten Menschen, die an der Isar wohnten. Bis heute begegnet das Klischee der katholischen Stadt München und des katholischen Landes Bayern. Dieses Stereotyp hat zur Folge, dass die Spuren des Protestantismus, den es in München und Bayern schon sehr bald im 16. Jahrhundert gab, weitgehend in Vergessenheit geraten und erst in jüngerer Vergangenheit wieder ins allgemeine Bewusstsein gerückt sind. Evangelische in München hatten vom 16. bis ins 19. Jahrhundert wegen der frühen Entscheidung der Herrscherdynastie gegen die Reformation unter massiver Ausgrenzung und anderen einschneidenden Konsequenzen zu leiden.

Warum hält sich das Klischee des katholischen München bis heute, obwohl beispielsweise im Stadtbezirk Altstadt-Lehel heutzutage nur noch ein knappes Drittel der Bevölkerung der römisch-katholischen Kirche angehört? Es scheint sich mit einem Hauptcharakterzug des bayerischen Volkes aufs idealste zu vereinigen. Der Volkskundler Franz Josef Bronner schreibt in seinem Heimatbuch „Bayerisch Land ...“, München 1898, über die Eigenart der Bevölkerung in den bayerischen Alpen: „*Der stete Umgang mit der erhabenen Natur, die großen Gefahren der Arbeit haben im Herzen der Aelpler einen kindlich-frommen Sinn bewahrt. Seiner Religion ist der Aelpler so treu wie seinem Vaterlande; jederzeit ist er für sie bereit, sein Gut, Blut und Leben zu opfern. An der mächtigen Alpenmauer sind die mächtig brandenden Wogen der Reformation zerschellt.*“

Dieses Stereotyp kehrt in modifizierter Form auch bei manchem bayerischen Landeshistoriker wieder und wird von der Tourismusindustrie gerne bedient. Um der Frage nachzugehen, was zur Bildung dieses Mythos beigetragen hat und was er bis heute bewirkt, muss man vielleicht etwas weiter ausholen.

Außer der bereits im Zitat angeklungenen Eigenart der bayerischen Bevölkerung nennt Bronner noch die „Lebenskräftigkeit“ sowie den „Hang zur Freiheit und Ungebundenheit“ als wesentliche Charakterzüge der Bayern. In der Tat scheinen auch diese Eigenschaften perfekt zur von Natur aus gegebenen römisch-katholischen Religiosität der Bayern zu passen. Eine durch Anreiz der fünf Sinne gelebte Frömmigkeit entspricht eben eher dieser Vitalität als der vielfach wegen seiner nüchternen Strenge verschriene Protestantismus, der den Gläubigen dazu anleitet, sich allein auf die Mittlerschaft des Gottessohnes (*solus Christus* – ohne den sprichwörtlichen Heiligenhimmel) und das biblische Wort Gottes (*sola scriptura* – ohne die 2000-jährige Tradition der Kirche) zu konzentrieren.

Auch die Gewissensfreiheit – gerne in das Motto „leben und leben lassen“ gekleidet – wird heutzutage oft als eine urbayerische Tugend gefeiert, als Bestandteil bayerischer Lebensart interpretiert und in Verbindung zur heimischen Frömmigkeit gesetzt. Doch ist dies erst eine neuere Umdeutung und vom ursprünglichen Sinn entfremdete Neuinterpretation der Worte „*liberalitas bavarica*“, die über dem Hauptportal der Barockkirche des ehemaligen Augustinerchorherrenstifts im oberbayerischen Polling zu lesen sind.

Neben der Übereinstimmung mit diesen bayerischen Eigentümlichkeiten verbindet man mit dem Katholizismus auch die Traditionsverbundenheit, die mit der Freude der Bayern am Herkömmlichen konveniert und in dem Motto „Dös war scho oiwei so“ ihren naturgesetzlich begründeten Ausdruck findet. Der auf der Hochschätzung von Traditionen beruhende Altersbeweis gehört zum häufig bemühten Instrumentarium der römisch-katholischen Polemik gegen die Reformation. Über den wirklich epochalen Bruch, den der römische Katholizismus trotz vieler Kontinuitätsmomente in Frömmigkeitspraxis, Theologie und institutioneller Gestalt in seiner Abgrenzung zu den Reformationskirchen und bei seiner Konstituierung als Konfessionskirche auf dem Konzil von Trient vollzogen hat, wird dabei nur unzureichend reflektiert. Gerade darin zeigt

Vorhalle der Kirche Heilig Kreuz in Polling bei Weilheim.

sich der Mythos von der Katholizität Bayerns. Die zweifellos weichenstellenden Entscheidungen der Herrscherdynastie und ihrer Exponenten in der Abgrenzung zu Luther und der Reformation kamen – im Vergleich zu anderen Fürstenterritorien – zu einem recht frühen Zeitpunkt (1522/23 unter den Herzögen Wilhelm IV. und Ludwig X.). Diese weichenstellenden Entscheidungen wurden – ebenfalls im Unterschied zu vielen anderen Fürstenstaaten – mit unerbittlicher Konsequenz fortgeführt (besonders ab der Jahrhundertmitte unter den Herzögen Albrecht V. und Wilhelm V.). Beide Aspekte – der frühzeitige und konsequente Kurs bayerischer Religionspolitik im 16. Jahrhundert – bereiteten den Boden für den Mythos. Am Ende des Jahrhunderts bzw. dieser Entwicklung hatte Bayern das Gesicht einer katholischen Vormacht im Reich und damit in Mitteleuropa.

Neben den Wittelsbacher Herrschern waren die in den Reformvorgängen der römischen Kirche der späten 1520er- bis frühen 1540er-Jahre entstandenen Orden der Kapuziner und besonders der Jesuiten von entscheidender Bedeutung für den bayerischen Katholizismus. Vor allem die durch den herzoglichen Hof in München intensiv geförderten Jesuiten haben im Ergebnis einer gut 200-jährigen Tätigkeit im Bayernland den Monokonfessionalismus römisch-katholischer Prägung in seiner wohl reinsten Form hinterlassen. Nicht die Aufklärung mit der Aufhebung der Societas Jesu im Jahr 1772 – und der anschließend auch durch den bayerischen Kurfürsten sehr aktiv betriebenen Säkularisation des Ordensbesitzes –, nicht die kirchlichen und politischen Umwälzungen der Napoleonischen Ära und auch nicht der gesellschaftliche Wandel durch die Industrialisierung im agrarisch geprägten Bayern des 19. Jahrhunderts haben die Nachhaltigkeit des Wirkens der Jesuiten wesentlich beeinträchtigen können. Vielmehr hat gerade das 19. Jahrhundert mit seinen zahlreichen Historismen und der Rückbesinnung auf regionale Traditionen im katholisch geprägten (Alt-)Bayern dazu beigetragen, erneuertes Brauchtum und herkömmliche Frömmigkeitspraxis fast klischeehaft miteinander zu verschmelzen. Anschauliche Beispiele hierfür sind zahlreiche Leonhardifahrten und Fronleichnamsprozessionen, die heutzutage auch medial begleitete und touristisch vermarktete Attraktionen ersten Ranges darstellen.

Das wohl symbolträchtigste Markenzeichen der innigen Verbindung zwischen katholischer Frömmigkeit einerseits und von Bayerns Dynastie, Volk und Land andererseits ist die Marienverehrung. Der Kult um die Mutter Gottes ist in der hier geübten Ausschließlichkeit der (spät-)mittelalterlichen Kirche noch weitgehend fremd. Auch er ist wesentlich Produkt der intensiven volksmissionarischen Tätigkeit der ab 1549 im Herzogtum wirkenden Jesuiten. Noch am Beginn seiner Tätigkeit in Bayern hat der Jesuit Petrus Canisius von München als „der überaus schönen, aber von Ketzerei und schlechten Beispielen verdorbenen Stadt“ gesprochen. Das folgende Zusammenspiel zwischen Jesuitenorden und Wittelsbacher Dynastie – vor allem in Gestalt der Herzöge Albrecht V., Wilhelm V. und Maximilian I. – formte einen bayerischen Katholizismus, der im Zusammenspiel mit dem Ausbau fürstlich-absolutistischer Macht eine staatstragende Funktion erhielt. An prominentester Stelle errichtete der Orden in den Städten seine Niederlassungen, er wuchs in den Lehrkörper der Landesuniversität Ingolstadt hinein und übernahm sie schließlich fast ganz. Die Jesuiten gründeten Schulen, Marianische Kongregationen, sie waren in der Seelsorge an Wallfahrtsorten im ganzen Land und bei Hof in München präsent. Der von ihnen propagierte Marienkult durchdrang in der Folge alle Lebensphasen und alle Lebensbereiche der Untertanen. So ist es auch nicht verwunderlich, dass die Verehrung der „*patrona Bavariae*" nicht nur als Staatskult, sondern in der persönlichen Frömmigkeit der bayerischen Bevölkerung tief verankert war (und ist) und langfristig zum unveräußerlichen Bestandteil der Volkskultur wurde. Zahlreiche Marienstatuen wurden in den Städten und auf dem Land errichtet, Marienpatrozinien verdrängten an vielen Orten ältere Weihetitel. Der Vollender dieses Weges war Maximilian I., Bayerns erster Kurfürst, der von 1597/98 bis 1651 regierte und damit ein ganzes Zeitalter prägte. Unter dem Einfluss jesuitischer Beichtväter vollzog er eindrucksvolle Symbolhandlungen, die das Land zur marianisch geprägten „*Bavaria sancta*" werden ließen. Ein solcher Bekenntnisakt war beispielsweise die Aufstellung der Münchner Mariensäule im Jahr 1638 als Dank für die Verschonung der Stadt im Krieg. Anlässlich ihrer Errichtung rezitierte der Kurfürst das von dem Jesuiten Jakob Balde formulierte Fürbittgebet: „*Rem, regem, regimen, regionem, religionem conserva, bavaria virgo patrona tuis*" („Das Sach, den Herrn, die Ordnung, das Land und den Glauben erhalte, Jungfrau Maria, deinen Bayern"). So verdichtet sich speziell an der Münchner Mariensäule der Mythos vom katholischen Bayern exemplarisch.

Flankierend hierzu vollzog Maximilian weitere Symbolhandlungen, wie etwa die Niederlegung einer Weiheurkunde im Wallfahrtsort Altötting. Der Kurfürst schrieb sie nicht nur mit seinem eigenen Blut, sondern weihte in ihr sein Leben der Gottesmutter. Literarischen Ausdruck fand diese Haltung auch in dem in seinem Auftrag erstellten Handbuch der Heiligen des Bayernlandes („*Bavaria sancta et pia*"), das der Jesuit Matthäus Rader (1561–1634) in vier Bänden zwischen 1615 und 1628 veröffentlichte. Das Frontispiz, also das Vorsatzblatt dieses Werkes setzt das Patronat Mariens über den bayerischen Heiligenhimmel und das Territorium eindrucksvoll ins Bild. In Fortführung des politisch-religiösen Programms von Kurfürst Maximilian erhielt der 1729 gestiftete Hausritterorden vom Heiligen Georg, dessen Zweck die Bindung des Adels an die Dynastie war, die Devise „*Virgini immaculatae Bavaria immaculata*" („Der unbefleckten Jungfrau das [im katholischen Glauben] unbefleckte Bayern").

Die Formierung Bayerns zum Musterstaat des nachtridentinischen Katholizismus wirkte nach innen und außen stark identitätsstiftend. Dies hat nicht nur spürbare Auswirkungen bis heute, sondern trägt letztlich auch zur Festigung des Mythos von der Katholizität Bayerns bei. Dieser enthielt entgegen aller Säkularisierungstendenzen neue Nahrung im Jahr 2005 durch die Wahl des bayerischen Theologen Josef Kardinal Ratzinger zum Papst.

Was für das frühneuzeitliche Herzogtum Bayern insgesamt gilt, lässt sich im Besonderen auch für München zeigen. Als herzogliche und kurfürstliche Residenz büßte die Stadt an bürgerschaftlicher Autonomie ein und wurde zum Rahmen und zur Bühne eines fürstlichen Repräsentationsbedürfnisses. Davon legen bis heute die beiden größten Baukomplexe in der Innenstadt eindrucksvoll Zeugnis ab: die Residenz und die Michaelskirche mit Kollegiengebäuden. Das architektonische Programm beider Monumente, die das Stadtbild des alten München prägten, vereint herrschaftlichen Repräsentationsanspruch mit katholischer Religiosität; als Garant für beides erscheint die Dynastie der Wittelsbacher als „*principes christianissimi*". Dies korrespondierte mit den zielstrebig verfolgten Plänen Herzog Wilhelms V., aus München ein „neues Rom" oder „deutsches Rom" zu machen.

Ungeachtet der nach wie vor stark identitätsstiftenden Kraft des Mythos von der Katholizität Bayerns und Münchens gilt aber für den historisch und sachlich angemessenen Blick auf Bayern und seine Geschichte: Das evangelische Bayern gibt es *doch*! Die reformatorische Bewegung erfasste in zwei Wellen – in den 1520er- und in den 1560/70er-Jahren – auch das Herzogtum Bayern und die Stadt München. Nur die harte Hand der

Frontispiz zu Matthäus Rader: „Bavaria sancta et pia", 1615.

Sechstes
Heiliges Jubel-Jahr
des
Deutschen Roms,
das ist:
kurzgefaßter Bericht
von den
geheiligten Orten, Heiligthümern,
und gottseligen Bewohnern der
Churbaierischen Hauptstadt
München
bey gegenwärtig sechsten
Jubel-Jahre
von Erbauung derselben, und der
ersten Pfarrkirche, welche im
Jahre 1176 geschehen,
zu allgemeiner Freude, Auferbäulich-
und Dankbarkeit zusammgetragen,
und in hellers Licht gestellet
von Anton Crammer,
der churfürstlichen Hofkirche bey dem heil. Erzengel
Michael Probst.

Gedruckt im Jahre 1776,
und zu finden bey Franz Joseph Thuille in München.

Titelblatt der 1776 in München gedruckten Schrift „Sechstes Heiliges Jubel-Jahr des Deutschen Roms“ des Jesuiten Anton Crammer, in der die Bedeutung der bayerischen Hauptstadt für den Katholizismus thematisiert wird.

Wittelsbacher Herzöge verhinderte den Auf- und Ausbau evangelischer Strukturen. In einigen altbayerischen Enklaven, die nicht direkt unter Wittelsbacher Herrschaft standen, wurde sogar die Reformation gefördert, so in den Reichsgrafschaften Ortenburg, Haag und der reichsunmittelbaren Herrschaft Hohenwaldeck sowie in den Herrschaften Alt-/Neu-Fraunhofen an der Vils, deren reichsunmittelbarer Status allerdings unsicher war. In all diesen kleinen Territorien ist teils ab den 1540er-Jahren, verstärkt in den 1550er- und 1560er-Jahren mit Rückendeckung der jeweiligen Territorialherren eine lebendige reformatorische Bewegung zu beobachten. Dies gilt auch für die oberpfälzische Herrschaft und spätere Grafschaft Wolfstein mit den zugehörigen Reichsherrschaften Sulzbürg und Pyrbaum sowie für das von den Pfälzischen Wittelsbachern regierte Herzogtum Pfalz-Neuburg, das ebenfalls zum Bayerischen Reichskreis zählte. In den meisten der eben genannten Territorien war der reformatorischen Bewegung allerdings nur ein befristetes Dasein beschieden. Der politische Druck der bayerischen Wittelsbacher, die die Reformation mit allen Mitteln bekämpfen wollten, war zu groß. Ein dauerhaftes evangelisches Kirchenwesen konnte sich nur in Ortenburg bilden.

Doch sind evangelische Überlieferungen und Traditionen erst recht spürbar gewesen in den Städten und Gebieten, die am Beginn des 19. Jahrhunderts in das neue Königreich Bayern integriert wurden. Nicht nur die alten Metropolen Regensburg, Augsburg und Nürnberg, sondern viele mittlere und kleinere Städte, die nach Bayern mediatisiert wurden, sowie einige Regionen Frankens und Schwabens dürfen als „protestantisches Urgestein“ gelten. Insgesamt mussten nach der Mediatisierung etwa 90 ehemals selbständige, protestantische Kirchenwesen mit unterschiedlichen bekenntnismäßigen, liturgischen und organisatorischen Traditionen zusammenfinden. Es dauerte etwa zwei Jahrzehnte, bis daraus eine evangelische Landeskirche geformt war, deren „*summus episcopus*“ bis zum Ende der Monarchie ein katholischer Wittelsbacher König war. Rechtliche Gleichstellung und Religionsfreiheit erhielten die Protestanten durch das Religionsedikt des Jahres 1803. Die organisatorische Verfasstheit der protestantischen Kirche in Bayern war im Wesentlichen 1818 abgeschlossen.

Nach der territorialen Konsolidierung des Königreichs im frühen 19. Jahrhundert war jedenfalls etwa ein Viertel der bayerischen Bevölkerung protestantisch. Diese Bevölkerungsgruppe war an der Spitze der Monarchie immerhin durch die drei ersten Königinnen Karoline, Therese und Marie, die aus den protestantischen Fürstenhäusern Baden, Sachsen-Hildburghausen und Preußen stammend nach Bayern einheirateten, repräsentiert.

Gerade auch München hat als königliche Haupt- und Residenzstadt im 19. Jahrhundert von der Zuwanderung aus protestantischen Ländern und Milieus profitiert. Eine erste Welle der „Nordlichter“ kam in den ersten Jahren des 19. Jahrhunderts auf Geheiß Max I. Josephs in die bayerische Hauptstadt. Sie haben im wissenschaftlichen und kulturellen Leben Münchens und Bayerns des frühen 19. Jahrhunderts eine bemerkenswerte Rolle gespielt. Trotz gelegentlicher Misstöne hat die Kultur- und Personalpolitik der kunstsinnigen Wittelsbacher in den

Fassadenmitte der Maximilianeischen Residenz mit Figurennische, die Hans Krumpers „Patrona Boiariae" rahmt, Weiheinschrift und Ewigem Licht, 1616.

letzten Jahrzehnten der Monarchie noch weit bis in die Gegenwart hinein gewirkt. Somit hat sich dann auch im Verlauf des 19. Jahrhunderts allmählich eine evangelische Identität in München entwickeln können.

Das vorliegende Büchlein will dem interessierten Leser und der interessierten Leserin an einigen Stationen im alten München Spuren des Protestantismus aufzeigen. Diese ausgewählten Anlaufpunkte, die als topografische Aufhänger gedacht sind, befinden sich ausschließlich im Stadtzentrum. Sie waren Lebens- und Wirkungsorte evangelischer Münchner und Münchnerinnen vom 16. bis zum Beginn des 19. Jahrhunderts. Vollständigkeit ist dabei nicht angestrebt, vielmehr ging es um eine möglichst anschauliche Auswahl an Themen und Persönlichkeiten. Wer tiefer in die Materie einsteigen will, sei auf die Auswahlliteratur im Anhang verwiesen.

Das Franziskanerkloster – Stätte der Kirchenpolitik und des Konfessionsstreites

Von der Klosterkirche zum Opernhaus

Heute zeugt nichts mehr davon, dass an dieser Stelle bis 1803 die Klosterkirche der Franziskaner (auch: Minoriten oder Barfüßer) stand; ihr vorgelagert befand sich der Friedhof. Der Kirchenbau erhob sich am Ort der heutigen Staatsoper (Max-Joseph-Platz 2). Der Gottesacker, der sich auf dem heutigen Vorplatzes der Oper erstreckte, ist durch das Straßenpflaster und die Tiefgarage überbaut und fast vergessen. Dabei dokumentierten Kirche und Friedhof als Begräbnisorte ein wichtiges Stück Münchner, bayerischer und sogar europäischer Geschichte. Die wohl berühmtesten Toten des 16. Jahrhunderts auf dem Franziskanerfriedhof waren der bayerische Kanzler Leonhard von Eck (gest. 1550), der als humanistisch gelehrter Politiker selbst mit dem Wittenberger Reformator Philipp Melanchthon mehrfach korrespondierte, und Orlando di Lasso, der geniale bayerische Hofkapellmeister (gest. 1594).

Im Chor der Klosterkirche befand sich eine Reihe quadratischer Marmorplatten, die in den Fußboden eingelassen waren. Diese Gedenktafeln stammten aus den Jahren 1612 bis 1615, als der Kirchenboden erneuert wurde; sie ersetzten zum Teil ältere, vermutlich am gleichen Ort platzierte Grabplatten. Auf den Tafeln konnte man Namen von bedeutenden Franziskanertheologen aus der Zeit von der Mitte des 14. bis zum Beginn des 17. Jahrhunderts lesen: unter anderem Wilhelm von Ockham, Bonagratia von Bergamo, Michael von Cesena, Kaspar Schatzger, Johann Franz Kemminger, Wolfgang Schmilckover und Kaspar Choler.

Das Leben und Schaffen der ersten drei eben genannten Franziskaner, nämlich Wilhelm von Ockham (auch: William von Occam), Michael von Cesena und Bonagratia von Bergamo,

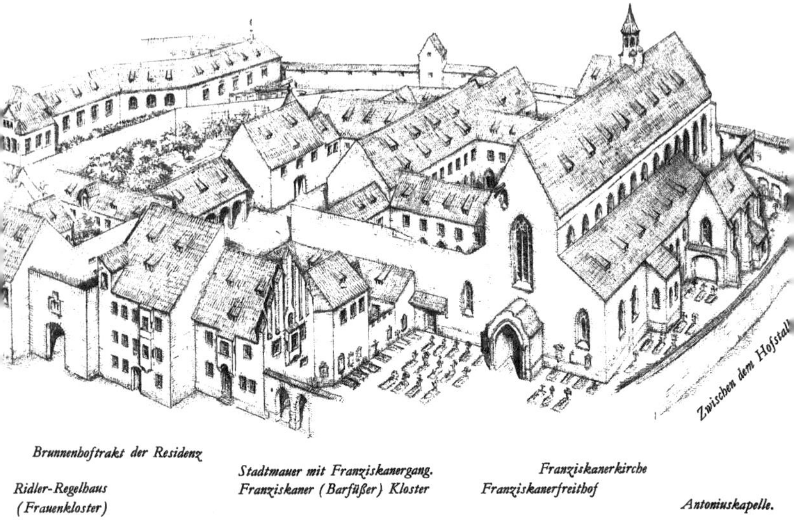

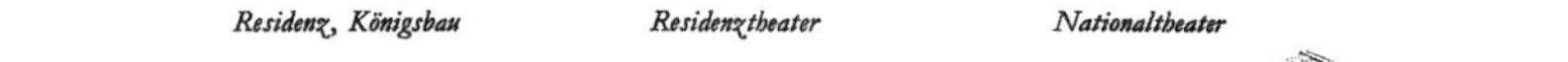

Der Standort des Münchner Franziskanerklosters St. Anton im Vergleich mit der heutigen Bebauung des Max-Joseph-Platzes.

steht im Zusammenhang mit der Auseinandersetzung zwischen dem Wittelsbacher Kaiser Ludwig IV. „dem Bayern" und den Päpsten seiner Zeit.

Wilhelm von Ockham und Kaiser Ludwig der Bayer

An dieser Stelle ist ein kurzer Blick auf ein wichtiges Kapitel der mittelalterlichen Geschichte nötig: Der bayerische Herzog Ludwig (1287–1347) wurde im Jahr 1314 von einem Teil der deutschen Kurfürsten zum König gewählt. Die übrigen Kurfürsten jedoch wählten seinen Gegenkandidaten Friedrich den Schönen von Österreich. Nach kleineren Geplänkeln kam es 1322 in der Schlacht bei Mühldorf zur machtpolitischen Entscheidung über das Königtum. Der Wittelsbacher besiegte seinen Habsburger Konkurrenten und behauptete seine königliche Autorität im Reich. Er hatte aber nicht mit dem Widerstand des Papstes gegen seine Königsherrschaft gerechnet, denn im folgenden Jahr 1323 verhängte Papst Johannes XXII., der damals in Avignon residierte und faktisch in Abhängigkeit zum französischen König stand, den Kirchenbann über ihn. Er forderte außerdem seinen Thronverzicht. Begründet waren diese päpstlichen Strafmaßnahmen durch zwei angebliche Vergehen des Wittelsbachers; zum einen seine Politik zugunsten der oberitalienischen Städte, was eine politische Einflussnahme des Papstes auf diese Städte behinderte, und zum anderen die Ausübung seiner königlichen Herrschaft, ohne beim Papst als der höchsten geistlichen Gewalt auf Erden eine Bestätigung der Wahl erbeten zu haben. Ludwig setzte sich in der „Sachsenhausener Appellation" 1324 gegen diesen päpstlichen Anspruch auf Oberherrschaft zur Wehr. Er warf seinerseits dem Papst Amtsmissbrauch und sogar Häresie, also die Behauptung von Irrlehren, vor. Ersterer Vorwurf richtete sich gegen die Vermischung kirchlicher und politischer Machtansprüche durch das Kirchenoberhaupt, letzterer bezog sich auf die päpstlichen Maßnahmen gegen die Franziskaner, deren Armutsideal dieser 1322 als ketzerisch verurteilt hatte. Das einigende Band beider Vorwürfe bestand in dem bereits damals diskutierten Problem, wie weltlich das Papsttum sein dürfe, oder anders formuliert, wie viel Macht und Geld einem Papst zustehe, der gleichzeitig ein würdiger Stellvertreter Christi auf Erden sein will.

Im Jahr 1327 unternahm Ludwig einen Italienzug zum Zweck der Befriedung der oberitalienischen Städte im Sinne der Reichspolitik. In Rom angekommen, suchte und fand er unter den Kardinälen und dem Senat Anhänger, die seine Appellation an ein Konzil unterstützten, mit der er den päpstlichen Bannspruch außer Kraft setzen lassen wollte. Zugleich ließ Ludwig sich 1328 in Rom von Vertretern des römischen Volkes zum Kaiser krönen. Danach setzte er einen Franziskaner als – freilich ohnmächtigen – Gegenpapst ein, der sich Nikolaus V. nannte. Aus dieser Vorgeschichte ist verständlich, weshalb sich nach Ludwigs Rückkehr ins Reich an seinem Hof in München viele franziskanische Theologen aus unterschiedlichen Ländern versammelten. Sie befanden sich – wie Ludwig – in Opposition zum Papsttum. Sie und der Gelehrte Marsilius von Padua begleiteten mit ihren Schriften den Kampf Ludwigs gegen die päpstlichen Machtansprüche in die kaiserliche Herrschaftssphäre. Der Legende nach soll der geistige Kopf dieser Gruppe, Wilhelm von Ockham (um 1285/90-um 1347/9), zu Kaiser Ludwig gesagt haben: „Verteidige Du mich mit dem Schwert, so will ich Dich mit der Schreibfeder verteidigen.“

Trotz des Kirchenbannes konnte sich Ludwig politisch behaupten, denn die deutschen Fürsten stärkten ihrem Kaiser auf dem sog. „Kurverein von Rhense“ 1338 immer noch den Rücken; sie wiesen jegliche Einmischung des Papstes in die deutsche Königswahl nachdrücklich zurück. In den folgenden Jahren hat Ludwig allerdings durch seine ehrgeizige Hausmachtpolitik politische Gegner auf den Plan gerufen. Das Haus Wittelsbach herrschte nämlich kurzzeitig nicht nur über Bayern und die Pfalz, sondern auch in Holland/Seeland, Brandenburg und Tirol. Diese Gegner wurden allmählich bis Mitte der 1340er-Jahre so stark, dass die erneute Verhängung des Kirchenbannes gegen Ludwig im Jahr 1346 zur Wahl eines Gegenkönigs führte. Bevor eine militärische Entscheidung zwischen dem Wittelsbacher und Karl IV. aus dem Haus Luxemburg herbeigeführt werden konnte, starb Ersterer 1347 auf der Jagd. An die Franziskaner in seinem Umfeld erinnert im heutigen München nur mehr wenig: die Schwabinger Occamstraße und eine Gedenktafel im heutigen Franziskanerkloster im Lehel (nicht öffentlich zugänglich). Die Erinnerung an den großen Wittelsbacher ist im Stadtbild dagegen präsenter: Vor dem Tor des Alten Hofs steht sein bronzenes Reiterstandbild von 1967 und am Isartor und in den Hofgartenfresken sind Schlüsselszenen aus Ludwigs Herrschaft abgebildet (beide stammen ursprünglich aus dem 19. Jahrhundert und wurden im 20. Jahrhundert wiederhergestellt). Außerdem zeugt das monumentale Kaiser-Grabmal in der Frauenkirche, das ihm seine Nachfahren (Ende 15./Anfang 17. Jh.) gesetzt haben, von seiner Bedeutung für das Haus Wittelsbach.

Das München Kaiser Ludwigs im Urteil eines bayerischen Landeshistorikers

Der Münchner Professor Sigmund von Riezler (1843–1927) schrieb in seinem mehrbändigen Standardwerk zur Geschichte Bayerns, das vor etwa 100 Jahren erschien (Gotha 1899–1914): *Unter Kaiser Ludwig war seine Hauptstadt der Sitz von Gelehrten, der Ausgangspunkt einer Literatur von weltgeschichtlicher Bedeutung. In zehn bis zwanzig Jahren ist damals von diesem Dutzend Fremder im Münchner Barfüßerkloster und in der Herzogsburg wahrscheinlich mehr theoretisiert, gegrübelt und geschrieben worden, als von allen Tausenden biederer Münchner, die seit Gründung der Stadt gelebt hatten – ganze Generationen der Nachfahren noch eingeschlossen.*

Aus der Sicht des Reformators Martin Luther waren Wilhelm von Ockham und Kaiser Ludwig mit ihren kirchenpolitischen Standpunkten Vorläufer für das eigene Bemühen um eine Reform der Kirche und die Unabhängigkeit von päpstlichen Machtansprüchen. Die von München aus operierenden Protagonisten des 14. Jahrhunderts standen nach Luthers Meinung am Beginn der entscheidenden Schwächung päpstlicher Macht. Ockhams kirchenpolitische Werke, in denen er die päpstlichen Weltherrschaftsansprüche zurückwies, waren der Grund, warum Luther sich mit Ludwig dem Bayern und dessen franziskanischem Umfeld beschäftigt hatte. Für Luther ist die Epoche des Wittelsbacher Kaisers nicht zuletzt auch ein Spiegelbild für die Einmischung des Papstes in die (Kirchen-)Politik des Reiches in seiner eigenen Gegenwart. So erhofften sich der Wittenberger Reformator und seine Kollegen lebenslang eine vom Papst unabhängige Einschätzung der Reformation durch den Kaiser und sie strebten ein durch das Reichsoberhaupt geleitetes Konzil an. München als Wirkungs- und Sterbeort sowie als Begräbnisstätte des Franziskanergelehrten Wilhelm von Ockham war Luther nachweislich präsent.

Ein scharfer Kritiker der Reformation: Kaspar Schatzger

Auch im 16. Jahrhundert stand das Münchner Franziskanerkloster wieder im Brennpunkt des kirchlichen Konfliktes. Die Personifikation dafür war der aus Landshut gebürtige Franziskaner Kaspar Schatzger (auch Schatzgeyer; 1463/64–1527). Er wirkte ab 1496 im Münchner Kloster und war bereits 1499 bis 1508 sein Vorsteher (Guardian). Dann wechselte er vorübergehend nach Ingolstadt und wurde anschließend Provinzial, also Leiter der Ordensprovinz. Im Jahr 1523 kehrte er für seine letzten Lebensjahre wieder als Guardian nach München zurück. Anfangs sympathisierte Schatzger, der mit Luthers Erzfeind, dem Ingolstädter Theologen Johannes Eck, befreundet war, sogar mit den Reformanliegen Luthers, dann veröffentlichte er aber 1522 eine erste direkt gegen den Reformator gerichtete Schrift mit dem lateinischen Titel „*Scrutinium*“, das bedeutet „Untersuchung“. In ihr verpackte er seine allmählich gewachsene Kritik an strittigen Themen der Reformation noch verhältnismäßig maßvoll. Luther dagegen reagierte gereizt. Er beauftragte den ehemaligen Franziskanertheologen Johannes Brießmann mit der Widerlegung dieser Schrift und forderte ihn brieflich auf: „Fahre also damit glücklich fort in Christo, da du die Secte der Minoriten ganz genau kennst und sehr wohl verstehst, an wie viel Orten der ‚Schatzgeier' (Thesaurivora), jener Forscher und Versucher, lügt." Luther qualifizierte das „*Scrutinium*" als „armseliges und albernes Buch" ab.

In den letzten Münchner Lebens- und Schaffensjahren entwickelte sich Schatzger dann zum eifrigen Kontroverstheologen, der in seinen Schriften kirchliche Traditionen, wie die Mönchsgelübde oder die Messopfertheologie, vehement verteidigte und die reformatorische Seite zu widerlegen suchte. Dass er durch einen Gedenkstein in der Galerie erinnerungswürdiger Minoriten im Chor seiner Münchner Klosterkirche gewürdigt wurde, lässt sich von daher leicht erklären.

Entlaufener Mönch, Täuferführer, Musiksammler: Sigmund Salminger

Ganz anders gestaltet sich die Erinnerung an den zeitgenössischen Konventsbruder Schatzgers, Sigmund Salminger. Er kam um die Jahrhundertwende zur Welt, doch wissen wir kaum etwas über seine Jugend- und Klosterjahre. In den frühen 1520er-Jahren begeisterte er sich für die reformatorische Botschaft, floh aus dem Münchner Kloster und verheiratete sich mit der Münchnerin Anna Haller. Aktenkundig wird er erst ca. 1526/27 als Mitglied der Täufergemeinde im benachbarten Augsburg: Bald nach seiner Übersiedlung in die schwäbische Reichsstadt wurde Salminger selbst im März 1527 durch den Apokalyptiker Hans Hut, der seinerseits durch Hans Denck die Glaubenstaufe empfangen hatte, getauft. Durch Losverfahren wurde er dann schon sehr bald zu einem der Gemeindevorsteher ernannt und war maßgeblich am Wachstum der örtlichen Täufergemeinde beteiligt.

Dies musste ihn und seine Frau Anna, die ebenfalls die Erwachsenentaufe erhalten hatte, unausweichlich in Konflikt mit der städtischen Obrigkeit bringen. Diese begann seit 1527, verstärkt gegen das damals stark apokalyptisch geprägte Täufertum vorzugehen, wurde doch das von der Öffentlichkeit abgesonderte Gemeindeleben der Täufer und ihre kritische Einstellung zur weltlichen Sozial- und Herrschaftsordnung als Provokation empfunden. Im Vorgehen gegen das Täufertum waren sich romtreue und reformatorisch gesinnte Obrigkeiten weitgehend einig. So erklärt sich auch, weshalb Salminger und die anderen Augsburger Täufer im Spätsommer 1527 verhaftet und ab Januar 1528 in strenger Haft gehalten wurden. Dabei versuchte man mit aller Härte einen Widerruf zu erzwingen, teils durch Anwendung der Folter, teils durch Bekehrungsversuche seitens der in Augsburg wirkenden evangelischen Prediger. In der Zeit der etwa dreijährigen Haft ihres Mannes wurde auch Anna Salminger ergriffen, aus der Stadt ausgewiesen und – nachdem sie unerlaubt zurückgekehrt war – „mit Ruten aus der Stadt geschlagen".

Das tödliche Schicksal vieler Täuferführer blieb Salminger allerdings erspart, denn er hat 1530 unter dem Druck der Haftbedingungen dem Täufertum öffentlich abgeschworen, worin ihm seine Frau 1531 folgte. Danach scheint eine vollständige Rehabilitierung eingesetzt zu haben. Salminger betätigte sich bis zu seinem Lebensende 1553/54 in Augsburg als Sammler und Herausgeber verschiedener Kompositionen und Musikwerke. In seinem ersten musikalischen Sammelwerk, das 1540 in Augsburg im Druck erschien, sind auch einige Kompositionen des Münchner Hofkapellmeisters Ludwig Senfl enthalten. Salminger war ab 1537 außerdem als deutscher Schulmeister und Stadtpfeifer in der Lechmetropole tätig.

Die ungewöhnliche Laufbahn des Johannes Nas

Nur wenige Jahre nach dem Tod Schatzgers – 1534 – wurde im oberfränkischen Eltmann der spätere Franziskanertheologe und Brixener Weihbischof Johannes Nas geboren. Er lernte zunächst das Schneiderhandwerk im nahen Bamberg und ging dann 1549/50 auf Wanderschaft in die evangelische Reichsstadt Nürnberg. Über seinen Aufenthalt dort schrieb er selbst später: „Weil ich zu Nürnberg gewesst, hab ich manchen Sonntag vier gantzer Predigt gehört, und so stark gesungen, als einer im hauffen. Erhalt uns Herr bey deinem Wort etc.“

Erhalt uns, Herr, bei deinem Wort

Das Kirchenlied hat durch die Reformatoren wichtige Impulse erfahren. In diesem Medium erhielt die evangelische Christenheit einen aktiven Anteil am gottesdienstlichen Geschehen. Die Liedtexte der Reformationszeit haben häufig biblische Inhalte zum Thema, sie sind aber teilweise auch Ausdruck des Protestes oder Durchhalteparolen und sie dienen dem Lob Gottes, der Erbauung oder dem Trost.

Allen Reformatoren voran hat Luther selbst mit großer poetischer Begabung Liedtexte gedichtet und Melodien komponiert. Außerdem hat er konzeptionell an der Entstehung des Gesangbuches, wie wir es heute kennen, mitgewirkt. Mit seiner maßgeblichen Beteiligung sind einige der ersten evangelischen Gesangbücher entstanden, die Maßstäbe gesetzt und zur Herausbildung einer ausgeprägten Liedkultur im Protestantismus geführt haben. Bei seinen Lieddichtungen und Kompositionen hat er sich vielfach am Vorbild des mittelalterlichen Liedgutes – wie er es aus seiner Klosterzeit kannte – orientiert, etwa in der musikalischen Bearbeitung von Psalmen. Daneben stammt aber auch eine Reihe von Neuschöpfungen aus seiner Feder.

Zu diesen Liedern gehört auch „Erhalt uns, Herr, bei deinem Wort“, das Luther wenige Jahre vor seinem Tod gedichtet hat. Da er die Zeit, in der er dieses Lied schrieb, als eine Phase großer Gefahr empfunden hat, formuliert er ein Gebet. Adressat ist der dreieinige Gott; die drei Strophen sind an den Vater, den Sohn und den Heiligen Geist gerichtet. Die Eingangsbitte an den Vater fasst das zentrale Anliegen der Reformation zusammen: Das Wort Gottes, das heißt: die biblische Botschaft, soll unverfälscht bewahrt bleiben. Bereits in der zweiten Zeile des Liedes benennt Luther seine Feindbilder direkt und unverblümt: „… und steure des Papsts und Türken Mord“ (heute im abgemilderten Wortlaut: „… und steure deiner Feinde Mord“). Luther sah damals die Reformation durch die Kirchenpolitik des Papstes bzw. seiner

Verbündeten sowie durch das expandierende Osmanische Reich gefährdet. Verständlicherweise bot diese Textpassage den Grund, weshalb dieses Lutherlied in vielen römisch-katholisch geprägten Ländern offiziell verboten war. Im Luthertum dagegen wurde es immer mehr zum Kampflied mit großer Identifikationskraft. In der heutigen Fassung lautet der Text:

1. Erhalt uns, Herr, bei deinem Wort, / und steure deiner Feinde Mord, / die Jesus Christus, deinen Sohn, / wollen stürzen von deinem Thron.
2. Beweis dein Macht, Herr Jesu Christ, / der du Herr aller Herren bist, / beschirm dein arme Christenheit, / dass sie dich lob in Ewigkeit.
3. Gott Heilger Geist, du Tröster wert, / gib deim Volk einerlei Sinn auf Erd, / steh bei uns in der letzten Not, / g'leit uns ins Leben aus dem Tod.

Nas gehörte in dieser Zeit also zu den eifrigsten Sängern des reformatorischen Kampfliedes schlechthin: „Erhalt uns, Herr, bei deinem Wort“. Bald zog er als wandernder Handwerksgeselle weiter nach Regensburg und Augsburg, bis er schließlich aus diesen überwiegend evangelisch geprägten Reichsstädten nach München kam. Die Lektüre der Schrift „Von der Nachfolge Christi“, des weit verbreiteten Erbauungsbuches des Thomas von Kempen aus dem 15. Jahrhundert, bewog Nas dann zur Abkehr von seiner evangelischen Überzeugung und zum Eintritt in das Münchner Franziskanerkloster. 1553 legte er seine Profess ab und arbeitete als Laienbruder zunächst in seinem Handwerk. Erste Weiterbildungsmaßnahmen in der lateinischen Sprache und der Theologie führten ihn 1537 zum Empfang der Priesterweihe. Schließlich studierte er in Ingolstadt und wirkte dann als offenbar begnadeter Prediger 1566 in Straubing.

Die Predigttätigkeit führte ihn an verschiedene Orte und 1568 auch wieder nach München; hier hielt er vor einem großen Publikum, zu dem auch die Herzogsfamilie zählte, Predigten in der Fastenzeit. In den anschließenden Jahren übernahm er verschiedene Leitungsfunktionen im Franziskanerorden und kam 1571 erstmals nach Brixen, wo er durch das Domkapitel zur Über-

Titelholzschnitt einer zeitgenössischen Satireschrift (Georg Nigrinus: Wilkom und Abdanck ..., Oberursel 1570, VD 16 S 4663) mit dem Bildnis und Wappen des Johannes Nas.

nahme der Dompredigerstelle aufgefordert wurde. In dieser Stellung entwickelte er eine rege kirchenorganisatorische und homiletische Tätigkeit, die 1580 mit der Ernennung zum Weihbischof belohnt wurde. Nas starb zehn Jahre später in Brixen.

In seine Lebenszeit – vielleicht teilweise sogar in seine Jahre als Angehöriger des Münchner Franziskanerkonvents – fällt auch das Wirken der drei weiteren Franziskaner, an die auf den Gedenkplatten im Chor der Münchner Klosterkirche erinnert wurde: Wolfgang Schmilckover, Johann Franz Kemminger und Kaspar Choler. Über die Eckdaten der Biografien dieser drei Minoriten ist sehr wenig bekannt. Nach allem, was sich feststel-

Das Predigttalent des Johannes Nas

Der Brixener Bistumshistoriker und Dombenefiziat Johann Roßbichler charakterisierte Ende des 18. Jahrhunderts aus der Kenntnis der Quellen das Predigttalent des Johannes Nas folgendermaßen:
So oft er die Kanzel bestieg, stürzte eine ungeheure Volksmenge herbei; selten endigte er eine Rede, wo nicht tausende der Augen unter Wasser [d. h. mit Tränen in den Augen; AG] *standen. Der Wundersegen, Ketzer und verstockte Katholiken zu bekehren, war gleichsam sein unzertrennlicher Begleiter, und er stand in dem allgemeinen Ruf, dass er leichter hunderte der Ketzer und starrköpfigsten Sünder bekehre, als ein anderer, auch der beste Prediger, einen Einzigen derselben.*

len lässt, war Schmilckover (gest. 1585) vermutlich 30 Jahre lang Guardian des Münchner Klosters, ab 1563 amtierte er auch als Provinzial. Daneben wirkte er als Prediger und Beichtvater am Münchner Hof, was auch durch eine schöne Fabel illustriert wird, die man sich von ihm erzählte: Einst wollte der Herzog von Bayern mit einem sächsischen Herzog um die Religion würfeln. Da sei Schmilckover, gedrängt durch die Herzogin, „wie ein anderer [d. h. zweiter] Christus im Tempel" herbeigeeilt, habe das Brettspiel umgeworfen und den bayerischen Herzog an seine treu-katholischen Vorfahren erinnert.

Fast nahtlos daran schließt sich die Wirksamkeit des Johann Franz Kemminger (gest. 1606) an. Er war spätestens ab den 1580er-Jahren im Münchner Kloster und amtierte ebenfalls als Guardian und Provinzial. Außerdem tat Kemminger, der auch als theologischer Schriftsteller literarisch produktiv war, viel für die ideelle und bauliche Entwicklung des Klosters. In beiden Leitungsämtern folgte ihm noch Kaspar Choler (gest. 1615) nach, dem die letzte Gedenkplatte aus dem frühen 17. Jahrhundert im Chor der Kirche gewidmet war.

Kupferstich des Votivbildes der Münchner Schwedengeiseln von Lucas Kilian, 1635.

Franziskaner als Münchner Schwedengeiseln

In den konfessionellen Konflikten der folgenden Jahrzehnte ist besonders auf vier weitere Münchner Minoriten hinzuweisen. Sie traten im Frühsommer 1632 ins Licht der Geschichte. Damals drangen die schwedischen Truppen unter ihrem König Gustav II. Adolf bis in den Süden Deutschlands vor und ließen sich am 17. Mai München kampflos übergeben. Für die Verschonung der Stadt verlangten sie eine hohe Geldsumme. Da München dieses Geld nicht aufbringen konnte, mussten zur Sicherheit Geiseln gestellt werden. Tatsächlich wurden 42 Männer ausgewählt, von denen 20 bürgerliche Berufe hatten und 22 dem geistlichen Stand angehörten. Zu ihnen zählten auch vier Franziskaner. Von zweien der Franziskanergeiseln, Paul Albl (oder Eibl) und Kaspar Mair, sind bloß die Namen erwähnenswert. Gewisse Berühmtheit dagegen haben die anderen beiden erlangt.

Der eine von ihnen war Franz Sigl. Er wurde 1606 in Schrobenhausen geboren und trat 1629 in den Franziskanerorden ein. Über die beschwerliche Zeit der gemeinsamen Geiselhaft, die vom 7. Juni 1632 bis zum 6. September 1634 dauerte, hat er ein später gedrucktes Tagebuch geführt, das eine sehr interessante Quelle für die Zeitereignisse darstellt. Im Jahr 1679 starb Sigl im Münchner Kloster, nachdem er zeitweise als Guardian den Konvent geleitet und sich als Klosterchronist einen Namen gemacht hatte.

Der vierte Franziskaner, der mit Sigl und den anderen als Geisel aus München weggeführt wurde, war Johann Friedrich Rechbacher. Er kam 1603 im bayerischen Hohenwart zur Welt. Wohl schon als Jugendlicher wurde er in das Franziskanerkloster nach St. Pölten gegeben und erhielt den Ordensnamen Blasius. Zu einem nicht näher bekannten Zeitpunkt wechselte er in den Münchner Konvent, wo er einige Jahre als Prediger und Beichtvater wirkte. Während der Geiselhaft in Augsburg wurde Rechbacher gegen Ende des Jahres 1633 durch den Brief eines ledigen, weiblichen Beichtkindes kompromittiert. Die schwedischen Geiselnehmer reagierten darauf nervös, denn die mangelnde moralische Integrität einer Geisel aus dem geistlichen Stand legte doch auch den Verdacht verräterischer Umtriebe nahe. So wurde Rechbacher – der nach Auskunft seines (früheren) Ordensbruders Sigl psychisch labil war – am 22. Februar 1634 gemeinsam mit einer weiteren Geisel in Eisen gelegt. Diese verschärfte Haft dauerte bis zum 4. Mai des Jahres, dann wurde der Mitgefangene von den Ketten befreit. Der zurück gebliebene Rechbacher ließ sich am folgenden Tag vor den schwedischen Gouverneur führen und konvertierte zum evangelischen Glauben. In einer Epoche wie der des Dreißigjährigen Krieges, in der sich der konfessionelle Konflikt sogar in militärischer Auseinandersetzung entlud, provozierte dieser Schritt einer Konversion natürlich entgegengesetzte Deutungen: Für Sigl war Rechbacher ein „Melancholiker“ und „Apostat“, der dem emotionalen Druck der Geiselhaft nicht gewachsen war.

Porträt des früheren Münchner Franziskaners und späteren Ulmer Predigers Johann Friedrich Rechbacher (1603–1666).

Für die protestantische Seite – und das bedeutete auch: für die Selbstwahrnehmung Rechbachers nach seinem Konfessionswechsel – war dieser Schritt hingegen der Schlusspunkt eines mehrjährigen Ablösungsprozesses. Am 7. Juni 1634 hielt Rechbacher in der Augsburger St. Annakirche seine „Revokationspredigt“, die auch in zwei Ausgaben gedruckt wurde, um den Konversionserfolg möglichst publik zu machen.

Als evangelischer Pfarrer wirkte Rechbacher zunächst in Pfuhl, einer Gemeinde im Landgebiet der Reichsstadt Ulm. Da er sich aber in der Folgezeit von katholischer Seite verfolgt fühlte, versetzte man ihn schon 1636 als Lehrer an das städtische Gymnasium. Dann wurde er 1641 zum Diakon an der Dreifaltigkeitskirche ernannt und blieb bis 1650 in dieser Stellung in Ulm. Rechbacher wechselte schließlich in württembergischen Kirchendienst und wurde Pfarrer in Murrhardt. Hier starb er im Jahr 1666.

An die Schwedengeiseln, darunter auch die vier Franziskaner inklusive Rechbacher, erinnern heute Straßennamen in München-Laim. Auf der berühmten Votivtafel, die die Geiseln 1635 als Dank für die Rückkehr an Maria in die Wallfahrtskirche Ramersdorf im Münchner Süden gestiftet haben, fehlt dagegen der Name Rechbachers und der einer weiteren Geisel, die sich der Haft entzogen hatte.

Das Gasthaus „Zum Koch in der Hölle" oder: War Luther je in München?

Luthers Reisen auf bayerischem Gebiet

Auf dem Gebiet des heutigen Freistaats Bayern liegen zwei wichtige Lutherstätten: Augsburg und Coburg. Beide stehen in Verbindung mit zentralen Ereignissen im Leben des Reformators und in der Entwicklung der Bewegung. Auch durch andere Städte des heutigen Bayerns kam Luther ein- oder sogar mehrmals. Seine Reisen führten ihn aus Erfurt und Wittenberg immer wieder in Richtung Westen und Süden. Zu den gesicherten Aufenthalts- und Übernachtungsstationen des Reformators im heutigen Bayern sind deshalb mehrere Städte zu zählen.

Auf der Hinreise nach Rom kam Luther im Spätherbst 1510 mit Sicherheit durch Nürnberg und Augsburg, ebenso durchquerte er beide Reichsstädte auf der Rückreise im Frühjahr 1511. Auf der Reise zur Heidelberger Disputation übernachtete er in Coburg vom 15. auf den 16. April 1518; dieser Aufenthalt ist durch einen Brief an Georg Spalatin gesichert. Auf dem weiteren Weg nach Heidelberg machte er außerdem in Würzburg Station, wo sein Aufenthalt vom 18. auf den 19. April ebenfalls durch einen Brief an Spalatin belegt ist. Die weiteren Zwischenhalte sind nicht definitiv zu bestimmen. Bereits im selben Jahr reiste er wieder in südliche Richtung. Auf dem Hinweg zum Verhör mit dem päpstlichen Legaten und Kardinal Cajetan in Augsburg im Oktober 1518 blieb er in Nürnberg (5./6. [?] Oktober 1518). Dann hielt er sich erwiesenermaßen vom 7. bis 20. des Monats in Augsburg auf. Auf dem Rückweg verbrachte er einige Nachtstunden vom 20. auf den 21. Oktober in Monheim (nördlich von Donauwörth, Herzogtum Pfalz-Neuburg) und war in den folgenden Oktobertagen in Nürnberg anzutreffen. Während des Augsburger Reichstages war er schließlich vom 15. oder 16. April bis 4. Oktober 1530 auf der Veste Coburg einquartiert.

Soweit lassen sich Luthers Aufenthalte belegen. Da er sich verschiedentlich auch über das Bayernland äußert, liegt die Annahme nahe, dass er auf einer seiner Reisen tatsächlich das Herzogtum mit eigenen Augen erlebt hat; zumindest steht fest, dass er das Gebiet des Bayerischen Reichskreises gekreuzt hat (Monheim im Herzogtum Pfalz-Neuburg).

Luther über Land und Leute in Bayern

In den Tischreden, den Sammlungen von Aussprüchen des Reformators und von Gesprächen, die in seinem Haus geführt wurden, finden sich allerlei anekdotische Äußerungen zu unterschiedlichsten Themen. Über Bayern sagt er beispielsweise:

Wenn ich viel reisen müsste, wollte ich nirgends lieber als durch Schwaben und das Bayernland ziehen, denn sie sind freundlich und gutwillig, geben gerne Unterkunft, gehen Fremden und Wandersleuten entgegen und tun den Leuten gütlich und gute Ausrichtung um ihr Geld.

Das Land der Bayern ist sehr unfruchtbar. Doch gibt es daselbst gut gebaute Häuser und stark befestigte Städte.

Die Bayern sind nicht sehr intelligent, aber eben darum redlich, gerade und dienstwillig.

Das Land der Bayern ist sehr weit ausgedehnt, es reicht sechs Meilen in die Alpen hinein.

Die Bayern verstehen bisweilen einer den andern nicht recht, was grobe Bayern sind.

Neben den historisch gesicherten Stationen wird man daher weitere Orte annehmen dürfen, in denen Luther auf der einen oder anderen Reise durchgefahren ist oder wo er übernachtet hat. Doch fehlen die Nachweise über solche Aufenthalte. Woran dies liegt, zeigt sich bei einem näheren Blick auf die Umstände der in Frage kommenden Reisen des Reformators.

Luthers Reise nach Rom 1510/11

Die genauen Routen, auf denen Luther auf seiner Hin- und Rückreise nach bzw. von Rom 1510/11 unterwegs war, lassen sich nur sehr bruchstückhaft durch seine eigenen Aussagen belegen. Weil solche primären Quellen weitgehend fehlen, ist viel und Widersprüchliches darüber geschrieben worden. Hinsichtlich der Orte, die Luther durchquert haben soll, ist dies häufig aus – falsch verstandenem – Lokalpatriotismus geschehen. Teilweise liegt die Ursache dafür aber auch in der unzulässigen Kombination von verstreuten Äußerungen des Reformators über seine Reiseeindrücke.

Hinsichtlich des Zeitpunkts der Reise nach Rom hat man gelegentlich den Versuch unternommen, andere Quellenaussagen aus Luthers Umfeld in die eine oder die andere Richtung zu deuten. Auch wollte man Anhaltspunkte über seinen Reiseweg anhand von damals üblichen Handelsrouten, von Berichten zeitgenössischer Reisender oder von frühen Landkarten gewinnen.

Allerdings sind nicht nur die Aufenthaltsorte, sondern es ist sogar der Zeitpunkt von Luthers Romreise zeitweise umstritten gewesen. Erst zu Beginn des 20. Jahrhunderts hat sich die Datierung der Reise auf 1510/11 allgemein durchgesetzt. In der Lutherforschung zuvor ist immer wieder auch eine Spätdatierung auf das Jahr 1511/12 vertreten worden. Diese letztere Annahme stützte sich auf unzusammenhängende Äußerungen des Reformators selbst und frühe biografische Versuche (Philipp Melanchthon, Johannes Mathesius), die aber selbst über Luthers Frühzeit nur vom Hörensagen wussten. Wie bei vielen später berühmten Persönlichkeiten sind die frühen Lebensjahre des Wittenbergers quellenmäßig noch unterbelichtet. Solche Probleme in der Datierung der Romreise haben auch Spekulationen über seine Aufenthaltsorte Nahrung gegeben.

Ein norddeutscher Reisender des frühen 17. Jahrhunderts berichtete, ihm sei in der Münchner Augustinerkirche eine Kanzel gezeigt worden, auf der Luther „gut päpstlich" – also noch im Sinne der mittelalterlichen Theologie – gepredigt haben soll. Tatsächlich glaubte man, in einer spätgotischen Kanzel, die ursprünglich aus der Augustinerkirche stammen soll und die sich heute in der Pfarrkirche im oberbayerischen Aying befindet, ein Relikt der Münchner Predigttätigkeit Luthers zu erblicken. Doch darf nicht nur der Reisebericht als unzuverlässig gelten, sondern auch die Kanzel stammt nachweislich erst aus dem späteren 16. Jahrhundert und nicht zweifelsfrei aus der Münchner Augustinerkirche.

Luthers Rückreise vom Augsburger Verhör 1518

Bei Luthers Augsburgreise im Oktober 1518 sprudeln die Quellen schon bedeutend reichlicher. Doch ist es der ungewöhnliche Aufbruch aus der schwäbischen Reichsstadt in der Nacht vom 20. zum 21. Oktober 1518, der schon früh die Phantasie beflügeln musste. Ungewöhnlich war, wie Luther aus Augsburg verschwand: Der unter Ketzereiverdacht stehende Mönch verließ nach den nicht einvernehmlich verlaufenen Gesprächen mit dem bzw. Verhören durch den Kardinal Cajetan – Der als Titelbild für dieses Buch ausgewählte zeitgenössische Holzschnitt zeigt diese Szene! – die Stadt nicht nur fluchtartig und heimlich, sondern auch zu Pferd reitend. Das war der ideale Stoff, dessen sich die Volkssage bemächtigen konnte. So erklärt sich auch die Legende, dass Luther nach seinem überhasteten Aufbruch aus Augsburg im Gasthaus „Zum Koch in der Hölle" in München Rast gemacht haben soll.

Von Luther selbst ist später nur in einer Tischrede darüber Folgendes gesagt worden: „Schließlich waren alle [Augsburger] Tore von Wachen besetzt; Bürger schickten mich auf einem geheimen Weg hinaus."

Der Reformator als Sagengestalt

Eine Fassung der Sage vom Aufenthalt Luthers in München hat folgenden Wortlaut:

Der Kaiser hatte Martin Luther, als sich dieser im Oktober des Jahres 1518 in Augsburg vor Herrscher und Reich verantwortete, freies Geleit zugesagt. Dennoch verließ der Reformator ein paar Tage nachher heimlich die Stadt. Er wagte es – vielleicht mit gutem Grund – nicht, sich auf das Wort des Kaisers zu verlassen. Wie die Sage berichtet, hätten ihn auch tatsächlich einige „päpstliche" Legaten verfolgt. Sie hätten später behauptet, Luther und sein Freund Langenmantel seien auf feuerspeienden Pferden durch die Luft davongeflogen, so dass sie ihrer nicht hätten habhaft werden können.

Auf seiner Flucht durch die Nacht, so wird weiter erzählt, habe Luther in München Rast gemacht und sei dort in dem Gasthaus beim „Koch in der Hölle" eingekehrt. Er habe sich an einer Bratwurst und einem Krug Bier gütlich getan, sich dann aber, weil sein Begleiter auch hier Gefahr witterte, eilends wieder auf sein Ross geschwungen und die Stadt so schnell verlassen, dass er nicht einmal Zeit gehabt habe, das Verzehrte zu bezahlen. Weiter sei der Ritt nach Hohenschwangau gegangen, wo sich der Reformator im Schutz seiner Freunde endlich sicher gefühlt habe.

Diese Sage ist der Grund dafür, warum Luther in früheren Zeiten, in ihm feindlich gesinnten Landen, oft auf einem Schwein reitend, mit einer Bratwurst in der Hand dargestellt wurde.

Eine andere Fassung der Sage lautet so:

Als Luther mit Langenmantel zur Nachtzeit Augsburg verlassen, ritten sie acht große Meilen weit in einem fort, das Lechfeld hinauf dem blauen Hochgebirge zu. Eine kurze Weile, so weiß die alte Volkssage, sollen die Leibwächter des päpstlichen Legaten den Flüchtling verfolgt haben, aber ihm schon ganz nahe, erschreckt umgekehrt sein, da sie Luther und den Langenmantel auf glutschnaubenden und die dunkle Oktobernacht erhellenden Feuerrossen mit Windeseile vor sich herbrausen sahen. Die erste Rast soll der Langenmantel dem Luther erst auf Hohenschwangau bei den ihm günstigen Freybergern und Schwangauern vergönnt, ihn aber gleich wieder von dort auf des Freybergs Hauptschloss Hohenaschau weiter geführt haben.

„Christoph Langenmantel führt Luther auf die Burg Hohenschwangau". – Wandgemälde von Wilhelm Lindenschmit d. Ä. (1806–1848) im Schwangauer Zimmer von Schloss Hohenschwangau.

Bereits der Vergleich von zwei verbreiteten Fassungen dieses Sagenstoffes zeigt, wie aus einem dürftigen Befund historisch gesicherter Fakten durch mündliches Tradieren und phantasievolle Zutaten der Erzähler eine in sich stimmige Sagenerzählung entsteht. Aufgrund des allgemeinen Interesses an der Person Luthers wurde der Stoff mit der Zeit immer populärer. Zu Beginn des 19. Jahrhunderts hatte die Persönlichkeit des Reformators nicht mehr nur religiös oder konfessionell identitätsstiftende Relevanz. Er wurde in zunehmendem Maß auch zu einer Identifikationsgestalt von nationaler und kulturgeschichtlicher Bedeutung. Dies zeigt sich – um im bayerischen Raum zu bleiben – sogar an der Aufmerksamkeit, die im 19. Jahrhundert der bayerische König Maximilian II. diesem Sagenstoff schenkte: In seinem Auftrag wurde zur Ausstattung des Schlosses Hohenschwangau auch eine Illustration der Luther-Sage angefertigt.

Schon bei oberflächlicher Analyse des Inhaltes kommen dem heutigen Leser berechtigte Zweifel an der Historizität der Sage mit den vorliegenden Erzählelementen. Die Verantwortung vor Herrscher und Reich bzw. die kaiserliche Geleitszusage gehören in den Kontext des Wormser Reichstages von 1521. Auch die Richtung der angeblichen Flucht nach Süden entbehrt jeglicher Logik. Erst recht ihre räumliche Erweiterung um den Schauplatz München, das gewiss kein denkbares Ziel Luthers war. Auch die an den angeblichen Ereignissen beteiligten Personen erhielten erst im Nachhinein Namen. Georg Spalatin, der zu dieser Zeit als Mittelsmann zwischen Luther, der Wittenberger Universität und dem Kurfürsten in Erscheinung trat, brachte in einem späteren Bericht den Namen des Domherrn Christoph Langenmantel ins Spiel; doch ist dieser nur als Fluchthelfer anzusehen und nicht zugleich als Begleiter auf dem Ritt. Ferner ist die Verbindung der Schwangauer mit den Freybergern frei erfunden. Das wohl berühmteste Mitglied der letzteren Familie, Pankraz von Freyberg, war erst in den 1560er-Jahren eine der Schlüsselgestalten der sog. bayerischen Adelsverschwörung (siehe auch S. 101–104), in die sich auch Ambitionen der zweiten reformatorischen Bewegung im Herzogtum, der sog. Kelchbewegung, mischten.

Das Zentrum von Freybergs Besitz war in der Tat das Schloss Hohenaschau im Chiemgau, aber ein Aufenthalt Luthers dort ist zu keinem Zeitpunkt denkbar. Die ins Bild gebrachte Szene auf Hohenschwangau erinnert schließlich vollends an ähnliche Bildmotive, die Luthers Ankunft auf der Wartburg 1521 zeigen.

Außerdem ist noch die diabolische Zutat der „feuerspeienden" bzw. „glutschnaubenden" „(Feuer-)Rosse" zu beachten, die das unheimliche Geschehen einer geglückten Flucht plausibler machen wollen. Nun liegt es der spätmittelalterlichen und frühneuzeitlichen Religiosität generell nicht fern, an die Macht des Teufels zu glauben. Auch Luther selbst hat bekanntlich Anfechtungssituationen mit der Versuchung durch den Teufel erklärt. Dann lag es auch im Kontext der konfessionellen Polemik des 16. Jahrhunderts nahe, von römisch-katholischer Seite die Reformation und ihre Exponenten mit dem Wirken des personifizierten Bösen in der Welt in Verbindung zu bringen; auch umgekehrt funktionierte dies natürlich. Zu diesen herkömmlichen Teufelsbildern kam im späteren 16. Jahrhundert noch die Entstehung der Faust-Dichtung hinzu; die Legendenbildung um die Faustgestalt ist sehr wahrscheinlich im Wittenberger Milieu zu lokalisieren, wozu sich Hinweise in Luthers Tischreden finden. Im Gewand dieser äußerst erfolgreichen literarischen Figur haben sich Elemente des traditionellen Volksglaubens mit den geistigen Ansprüchen des Humanismus verbunden.

Das diabolische Element der Sage wird weiterhin verstärkt durch die Benennung des Münchner Gasthauses. Natürlich ist der Name der Wirtschaft „Zum Koch in der Hölle", in der Luther abgestiegen sein soll, ebenfalls Programm. Tatsächlich verzeichnet das Münchner Häuserbuch ein solches Gasthaus (heute: Sendlinger Straße 86). Zu seinem Namen ist das Haus aber erst viel später gekommen: Im späten 16. Jahrhundert erwarb ein Koch das Anwesen, dessen rückwärtiger Teil zu dieser Zeit bereits „die Hall" genannt wird. Das Haus wechselte im Laufe des 17. und 18. Jahrhunderts häufig die Besitzer, die überwiegend den Beruf des Kochs ausübten. Erst im ersten Drittel des 19. Jahrhunderts ist dann endlich als Name des Gasthauses „Zum Koch in der Höhle" bzw. „Hölle" belegt.

Auch zwei weitere Überlieferungen zu Luther werden mit München in Verbindung gebracht.

Die Sage von der ungetreuen Nonne

In jener Zeit, als sich Luther in München aufhielt, so wird erzählt, habe er sich in eine schöne junge Nonne aus dem Angerkloster verliebt. Er konnte sie mit seiner Wortgewandtheit dazu überreden, mit ihm zu fliehen. Heimlich in der Nacht schlichen die beiden durch die alte Angerkirche heraus und machten sich davon.

In dem Augenblick aber, in dem sie am Kruzifix des Gotteshauses vorübereilten, wandte der Gekreuzigte das Haupt und schaute ihnen nach.

Mit dieser eigenartigen Sage erklären sich die Münchner, die in der damaligen Zeit dem Reformator alles Schlechte zutrauten, die ungewöhnliche Haltung des Gekreuzigten in der dortigen Kirche.

Luther in München

Angeblich soll in dem früher am Wurmeck (Ecke Marienplatz / Dienerstraße) stehenden Haus das Bildnis Luthers und seiner Frau Katharina von Bora angebracht gewesen sein. Seine Eheschließung mit der aus dem Zisterzienserinnenkloster Marienthron in Sachsen geflohenen Nonne bot auch schon immer die Vorlage für merkwürdige Erzählungen, die teils im Gewand der Sage weitergegeben worden sind. Beinahe zu erwarten ist es, dass eine solche Sage auch in München kursierte, obwohl solche Lokalisierungen auch austauschbar sind.

Jenseits aller Legendenbildung ist Luther heutzutage tatsächlich in München „eingekehrt": Seit 1919 ist eine sehr markante Bronzebüste des Reformators von Hans Schwegerle (1882–1950) in der Schwabinger Erlöserkirche zu sehen, die zu den frühesten impressionistischen Plastiken ihrer Art gehört. Außerdem ist in München-Giesing eine Kirche nach ihm benannt, die 1926/27 errichtet wurde (Abschluss des Wiederaufbaus nach der kriegsbedingten Zerstörung 1953). An ihr vorbei führt außerdem die Martin-Luther-Straße.

Buchdruck und Reformation in München

Mediale Revolution zu Beginn der Neuzeit: Der Buchdruck

Das erste Buch überhaupt nach Gutenbergs Erfindung wurde in München im Jahr 1482 gedruckt. Die Voraussetzungen für den Erfolg dieses neuen Mediums vor Ort waren aber nicht so, dass die dauerhafte Einrichtung einer Druckerei rentabel gewesen wäre. Erst nach dem Beginn des 16. Jahrhunderts wandelte sich der Buchdruck noch einmal und wurde so zum Vehikel der Ideen der Reformation. Erst für diesen zweiten Anlauf lässt sich sinnvoll der Begriff der medialen Revolution anwenden. Der Buchmarkt, die Inhalte und die Leserschaft veränderten sich nachhaltig. Es entstanden Druckwerke nicht mehr lediglich in den bereits etablierten Zentren der Buchproduktion, sondern auch an weiteren Standorten. Auch gab es technische Neuerungen, die Formate wurden handlicher, die Themen aktueller, die Auflagen höher und die Texte erschienen immer häufiger auf Deutsch. Dieser Wandel in der Produktion von günstigen Druckschriften, sog. Flugschriften, ging einher mit der Verbreitung reformatorischer Theologie. Nicht nur die Autoren und Drucker, sondern auch ihre Käufer und Leser erkannten diesen Trend. Das für damalige Maßstäbe enorme Anwachsen der Flugschriftenproduktion in der frühen Reformationszeit mit der Wirkung dieses Mediums auf die öffentliche Meinung gehört zu den kulturgeschichtlich spannendsten Vorgängen dieser Epoche.

Auch München gehört zu den kleineren Druckorten, wo sich dieses Gewerbe erst mit dem Ende der Inkunabelzeit (um das Jahr 1500) dauerhaft ansiedelte. Im Verlauf des gesamten 16. Jahrhunderts konnte sich allerdings nur eine einzige ständige Druckerei etablieren.

Inkunabeldrucke in München

Die Zeit zwischen der Erfindung des Buchdrucks in der Mitte des 15. Jahrhunderts und dem Jahr 1500 wird allgemein als Epoche der Inkunabeln bezeichnet. Das lateinische Wort „incunabula" steht für Windeln, Wiege oder auch im übertragenen Sinn für Ursprung und Anfang. Inkunabeln sind also frühe Drucke oder „Wiegendrucke". Sie orientierten sich oftmals äußerlich, das heißt in Format und Ausstattung, an der herkömmlichen Handschriftenproduktion, die bis zum Beginn des 16. Jahrhunderts kaum die Konkurrenz der „schwarzen Kunst" der Drucker zu fürchten hatte. Denn der frühe Buchdruck war technisch zu aufwändig und deshalb wirtschaftlich wenig rentabel. Erst die Neuerungen des reformatorischen Buchdruckes, insbesondere der Flugschriftenproduktion, ließen das gedruckte Buch zum Massenmedium werden.

Das erste Buch überhaupt in München, ein Reiseführer für Rompilger, wurde 1482 durch einen gewissen Hans Schauer gedruckt. Dieser wirkte nur kurz in der Stadt und zog dann nach Augsburg, wo der Buchmarkt bereits besser etabliert war. Auch ein weiterer Drucker versuchte sich gegen Ende des 15. Jahrhunderts einige Jahre lang mit der Produktion von Andachtsbüchern und Almanachen, einer Art Jahrbuch bzw. Kalender. Insgesamt wurden in München kaum ein Dutzend Inkunabeln hergestellt. Erst seit 1500 – mit der Übersiedlung Hans Schobsers nach München – hat sich der Buchdruck durchgängig in München etabliert.

Die Anfänge in München und der reformatorische Buchmarkt

Im November 1500 ließ sich der aus Augsburg stammende und dort bereits als Inkunabeldrucker tätige Hans Schobser in München nieder; er war der Schwiegersohn des bedeutenden Augsburger Druckers Anton Sorg, dessen Tochter er geheiratet hatte. Die ersten Bücher aus seiner Münchner Offizin, also Druckwerkstatt, dürften vielleicht noch zu Ende des Jahres 1500 erschienen sein.

Neben offiziellen Druckaufträgen für Mandate und Verordnungen der Stadt und der herzoglichen Regierung druckte Schobser im zweiten Jahrzehnt seiner Münchner Tätigkeit auch eine Reihe von zeittypischen Erbauungsschriften. Darunter befanden sich auch Werke von Theologen, die Gedanken zu einer Kirchenreform äußerten. Zu diesen gehört beispielsweise der Generalvikar der Augustinereremiten Johannes von Staupitz, der mehrfach auch persönlich in München gepredigt hatte. Eine Sammlung solcher Predigten Staupitzens, das Büchlein „Von der Liebe Gottes", wurde 1518 bei Schobser mit einer Widmung an die im Püttrichkloster lebende Herzoginwitwe Kunigunde gedruckt, die zu den frommen Hörerinnen des Augustiner-Generalvikars gehörte.

In diese Gruppe der theologischen Erbauungsschriften, die Schobser druckte, gehört im Jahr 1519 auch ein von Martin Luther verfasster, erbaulicher Traktat mit dem Titel „Sermon von der Betrachtung des Leidens Christi". Schobser bewies in diesem Fall einen besonderen verlegerischen Spürsinn, nahm er doch damit einen Autor in sein Sortiment, der seit einigen Monaten immer mehr ins Gespräch kam und dessen Schriften deshalb auch genügend interessierte Leser und damit für den Drucker entsprechenden Gewinn versprachen. Hierin und in der folgenden Druckertätigkeit Schobsers in den Anfangsjahren der Reformation zeigt sich, was auch an anderen Orten in diesem Gewerbe häufig zu beobachten ist: Viele Druckereien, die gleichzeitig oft auch als Verlag und manchmal sogar als Buchhandel fungierten, orientierten sich unter dem Konkurrenzdruck innerhalb ihrer Branche auf Autoren und Themen, die Absatz versprachen. An dem explosionsartigen Anwachsen theologisch-polemischen Schrifttums und reformatorischer Programmschriften ab 1520 mit Luther als meistgedrucktem Autor lässt sich die Bedeutung des Buchdruckes für die schnelle Ausbreitung reformatorischer Ideen erklären. Neuartig im Vergleich zum herkömmlichen Buchdruck war in diesem Zusammenhang die Produktion von Flugschriften, das heißt billigen, in hohen Auflagen und meist deutschsprachigen Kleindrucken mit großer inhaltlicher

Aktualität. Vor allem in den Zentren des damaligen Buchdruckes – etwa in den Reichsstädten Augsburg und Nürnberg – lässt sich dieses Phänomen genau beobachten; doch zeigte sich dies auch in München und bei dem dort ansässigen Schobser.

Über das bisher bekannte Material hinaus hat die neuere Forschung gezeigt und nachdrücklich bestätigt, wie viele reformationsfreundliche Schriften bei Schobser in München gedruckt wurden, was zweifellos in der Erwartung guter Absatzmöglichkeiten geschah. Außer dem bereits genannten Passionstraktat finden sich weitere prominente Werke Luthers. Die programmatische Schrift „An den christlichen Adel deutscher Nation von des christlichen Standes Besserung", die der Reformator im September 1520 in Wittenberg veröffentlichte, hat Schobser schon wenige Wochen später selbst nachgedruckt. Wie heikel die Nachproduktion von Luthers Reformschrift in München war, zeigt sich an dem Umstand, dass Herzog Wilhelm IV. die gesamte Auflage von immerhin 1500 Exemplaren beschlagnahmen ließ.

Die Konfiszierung der Münchner „Adelsschrift"

Der Luthergegner und Ingolstädter Theologieprofessor Johannes Eck schreibt in einem Brief an den Augsburger Bischof Christoph von Stadion am 29. Oktober 1520 folgenden Bericht über das Vorgehen der bayerischen Behörden gegen Schobser und über die Resonanz darauf:

Es sind auch 1500 Exemplare des Büchleins an den Adel zu München gedruckt worden. Als das mein gnädiger Herr, Herzog Wilhelm, gemerkt hat, hat er die alle dem Drucker genommen. Und obwohl das Büchlein voller offensichtlicher Ketzerei und Büberei ist. Dennoch hat Herr Bernhart Adelmann [ein Augsburger Domherr und Humanist, AG], *wiewohl er Geistlicher ist und von Kirchengütern lebt, darum gebeten, dass die Bücher wieder sollten an den zurückgeben werden, der ihren Druck veranlasst hat.*

Diesem Bericht Ecks lässt sich entnehmen, dass Schobser wahrscheinlich im Namen eines Augsburger Auftraggebers die Adelsschrift gedruckt hat, was damals ein durchaus übliches

Vorgehen war. Trotz der Intervention des Augsburger Domherrn Adelmann, ist – wie es scheint – der Vernichtung durch die bayerischen Behörden nur ein einziges, unvollständig erhaltenes Exemplar dieses Druckes entgangen; es befindet sich heute in der Bibliothek der Rheinisch-Westfälischen Wilhelms-Universität in Münster.

Noch im selben Jahr – 1520 – verließen zwei weitere Lutherschriften die Druckerei Schobsers: die „Appellation oder Berufung an ein Christlich freies Konzil" sowie die gegen einen Leipziger Theologen gerichtete Polemik „Von dem Papsttum zu Rom". Außer anderen reformatorischen Flugschriften folgte 1521 noch Luthers „Sermon auf dem Hinweg zu Worms in Erfurt getan". Als sechste und letzte Lutherschrift druckte Schobser schließlich noch 1523 „Unterrichtung auf etliche Artikel, die ihm von seinen Abgönnern aufgelegt und zugemessen werden", wovon bereits seit 1519 13 Ausgaben an verschiedenen Orten erschienen waren.

An weiteren reformationsfreundlichen Schriften sind insbesondere die anonyme Schrift „Ain schöner Dialogus" von 1521, als deren Verfasser der damalige Augsburger Prediger Urbanus Rhegius identifiziert worden ist, und „Eine christliche Schrift, einer ehrbaren Frau von Adel" der Argula von Grumbach hervorzuheben. Bei dieser Veröffentlichung handelte es sich um die zweite Schrift aus der Feder dieser mutigen bayerischen Adligen, mit der sie ab 1523 publizistisch in das Verfahren der Ingolstädter Universität gegen Arsatius Seehofer eingegriffen hat. Die Flugschriften der Argula von Grumbach waren die ersten ihrer Art, in denen eine Frau mit der damaligen gelehrten (Männer-)Welt vor eine breite Leseröffentlichkeit trat.

Trotz erster Konflikte mit der – noch nicht ausgereiften – Zensur lässt sich in diesen Jahren beobachten, dass Schobser in der Ausrichtung seiner Produktion ein sehr breites Spektrum bediente. Dabei hat er sich als Geschäftsmann vor allem an ökonomischen Kriterien und weniger an theologischen Prinzipien orientiert. Nur so ist erklärbar, weshalb er in den ersten Jahren der Reformation ein inhaltlich so breit gefächertes Sortiment

Doctor Martin Lu=
ters vnnderrichtumb auff
etlich Artigkel/die jm
von seinen mißgün=
nern auffgelegt
vnd zůgemes=
sen werdē

M. D. xxiij.

Titelblatt der 1523 bei Hans Schobser in München gedruckten Schrift Luthers „Unterricht auf etliche Artikel …" (VD 16 L 6846).

produzierte. Dazu zählten nicht nur reformatorische Flugschriften, sondern auch volkstümliches Schrifttum, etwa die im Dienste der traditionellen Frömmigkeit stehenden Mirakelbücher oder Ablassbriefe. Ferner gehörten auch „Neue Zeitungen" dazu, die aktuelle Zeitgeschehnisse einer breiteren Leserschaft zur Kenntnis brachten.

Erst ab 1524 konzentrierte sich Schobser ausschließlich auf den Druck theologischer Autoren, die auf der Linie der bayerischen Religionspolitik lagen. Unter ihnen ist der Münchner Franziskaner Kaspar Schatzger hervorzuheben, von dem er insgesamt neun Schriften druckte.

Darüber hinaus sicherte Schobser sich weiterhin seine Existenz in der bayerischen Hauptstadt durch die Übernahme offizieller Aufträge als Hofbuchdrucker. Damit hatte er sich im Land bereits einen Namen gemacht, denn verschiedene bayerische Gesetzestexte und Mandate gehörten ja schon in vorreformatorischer Zeit zu seinem festen Repertoire. Zu diesen Arbeiten zählten auch die Drucke der bayerischen Religionsmandate oder 1524 ein Nachdruck des Wormser Edikts von 1521 mit der Achterklärung gegen Luther.

In 30 Münchner Jahren sind aus der Offizin des Hans Schobser insgesamt über 300 Drucke hervorgegangen. Nachdem er im November 1530 gestorben war, führte sein Sohn Andreas das väterliche Geschäft weiter. Rein quantitativ verlor die Druckerei in den folgenden drei Jahrzehnten erheblich an Bedeutung; bis 1564 verließen nur noch halb so viele Drucke die Offizin Schobsers wie unter dem Vater. Andreas Schobser hat hauptsächlich offizielle Drucke und Gesetzestexte im Auftrag des herzoglichen Hofes produziert. Nur wenig theologische Literatur, wie drei Ausgaben der spätmittelalterlichen Erbauungsschrift „Der geistliche Mai“ des Nürnberger Franziskaners Stephan Fridolin, findet sich in seinem Programm. Ebenfalls nur punktuell begegnen Schriften aus dem religionspolitischen Kontext seiner Zeit, darunter die 1546 erfolgte Erklärung der Reichsacht über die Anführer des Schmalkaldischen Bundes, Kurfürst Johann Friedrich von Sachsen und Landgraf Philipp von Hessen, sowie eine „Neue Zeitung“, also ein Bericht über die Gefangennahme des sächsischen Kurfürsten im Schmalkaldischen Krieg.

Das Profil der Druckerei des jüngeren Schobser liegt somit auf der Linie der bayerischen Kirchen- und Religionspolitik. Dies verwundert auch nicht, folgte doch auf die drei herzoglichen Religionsmandate von 1522, 1524 und 1531 im Jahr 1540 und nochmals 1548 ein ausführliches Zensurmandat, das die Voraussetzung für eine allmonatliche Kontrolle der Buchläden und Druckereien schuf. 21 Jahre später – 1561 – wurde außerdem unter Beteiligung der inzwischen in München aktiven Jesuiten eine Zensurkommission eingesetzt. Sie war für die Ausführung und Beachtung aller gesetzlichen Vorgaben auf dem Gebiet des Buchmarktes zuständig.

Wer trotz der herzoglichen Verbote und drohender Repressalien mit reformatorischem Gedankengut liebäugelte, war jedoch nicht allein auf den zunehmend streng regulierten Münchner Buchmarkt angewiesen, sondern konnte sich auch anders behelfen. Ein anschauliches Beispiel hierfür bietet die Witwe Elisabeth Langhover, die Ende der 1530er-Jahre – wahrscheinlich zum Besuch des evangelischen Gottesdienstes – nach Augsburg gereist war und nach der Rückkehr vor ihrem

Haus in der Burgstraße 14 aus einem in Augsburg erworbenen evangelischen Gesangbuch Lieder erklingen ließ.

Das „Auslaufen"

Untertanen, die mit dem religionspolitischen Kurs und der konfessionellen Entscheidung ihres Landesherrn nicht einverstanden waren, hatten im 16. Jahrhundert einen schweren Stand. Obrigkeitliche Reglementierungen aller Art verhinderten individuelle Glaubensentscheidungen. So hat auch der Augsburger Religionsfrieden von 1555 in der Regel die konfessionelle Entscheidung des Landesherrn für sämtliche Untertanen verpflichtend gemacht, was in der Formel *„cuius regio, eius religio"* („wessen Gebiet, dessen Religion") seinen klassischen Ausdruck gefunden hat. Lediglich das Emigrationsrecht aus Glaubensgründen war durch den Religionsfrieden garantiert. Wer es jedoch in Anspruch nahm, hatte mit vielen Risiken und unangenehmen Konsequenzen zu rechnen.
Eine andere, in manchen Zeitphasen und Regionen sehr beliebte Alternative war das sog. „Auslaufen". So fuhren beispielsweise evangelisch gesinnte Untertanen der bayerischen Herzöge oft in die angrenzenden Reichsstädte Augsburg und Regensburg oder in Nachbarterritorien, wie die Grafenschaften Haag und Ortenburg. Dort konnten sie dann an evangelischen Gottesdiensten und Abendmahlsfeiern teilnehmen. Dieses „Auslaufen" wurde meist als Geschäfts- oder Privatreise getarnt. Den bayerischen Behörden erschloss sich erst im Rahmen der Religionsverhöre und Visitationen das ganze Ausmaß dieser Bewegung konfessionellen Ungehorsams. So erfolgten im Laufe des 16. Jahrhunderts immer schärfere Verbote des „Auslaufens", das schließlich auch unter Strafe gestellt wurde. Der evangelische Prediger Wolfgang Musculus berichtet in einem Brief an den Straßburger Reformator Martin Bucer am 3. Februar 1539 über den Augsburgaufenthalt der Elisabeth Langhover aus München:
Eine Witwe Langhover aus München war kürzlich in Augsburg und kaufte die Augsburger deutschen Psalmen, welche jetzt Knaben vor ihrem Hause in München singen.

Neue Glanzzeit: Später Humanismus und Gegenreformation

Druckgeschichtlich von Bedeutung wird München erst wieder mit Schobsers Nachfolger, Adam Berg, oder latinisiert Montanus, der 1564 sein erstes Buch auf den Markt bringt. Beinahe 600 Drucke verlassen bis zur Jahrhundertwende 1600 sein Geschäft. Zahlenmäßig und qualitativ legen Bergs Drucke ein eindrucksvolles Zeugnis ab von einem regen geistig-kulturellen Leben in der bayerischen Hauptstadt zur Zeit der Gegenreformation. Zu den wichtigen Autoren Bergs zählte unter anderem Aegidius Albertinus, der damals Hofsekretär und -bibliothekar in München war. Außerdem sind in technischer Hinsicht die Notendrucke von Kompositionen des Orlando di Lasso besonders erwähnenswert, die in ganz Europa Verbreitung fanden.

Das Zensurmandat von 1569

Das Verbot reformatorischer Literatur wurde in einem herzoglichen Mandat von 1569 in deutliche Worte gefasst, wobei eindringlich auf die Gefahren für das Seelenheil hingewiesen wurde: *Zunächst hat sich herausgestellt, dass das Lesen böser sektischer und verführerischer Bibeln, Testamente, Postillen, Bet- und Gesangbücher, ebenso anderer Streitschriften und Traktate, die bis jetzt von den Glaubensgegnern auf Deutsch übersetzt und in Druck gegeben werden, bei den Untertanen unserer Fürstentümer Ober- und Niederbayern großen Schaden angerichtet haben [und] dass die Übertragung oder Übersetzung der Bibel, also auch des Neuen Testaments durch Luther, Zwingli und ihre Nachfolger […] ganz gefährlich und höchst schädlich verfälscht ist, die Postillen und andere Schriften* [dieser Autoren] *mit allerlei bereits früher verurteilten Sekten, Ketzereien und Irrtümern, überall sehr vermengt worden sind. Dadurch wird verhindert, dass der einfache Christenmensch, weil er die Täuschung nicht erkennt, auch das (darin enthaltene) Gift nicht erkennt, sondern, was in diesen Schriften steht, für das reine Wort Gottes hält und glaubt.* […]

Bald nach Beginn der Münchner Tätigkeit Bergs erließ Herzog Albrecht V. 1565 ein neues Zensurmandat. Aus ihm wird deutlich, wie wenig Erfolg den bisherigen Maßnahmen zur Kontrolle des Buchdruckes und -handels beschieden war, da reformatorische Literatur weiterhin heimlich über die Landesgrenzen hinweg nach Bayern eingeführt wurde. Auch die Neuauflage dieses Mandates vom Jahr 1569 schärfte den Untertanen das Verbot des Besitzes und der Lektüre derlei Schrifttums ein. Zudem wurde die Einlieferung sämtlicher theologischer Literatur befohlen, die dem religionspolitischen und konfessionellen Kurs der bayerischen Herzöge nicht entsprach.

Diesem Mandat von 1569 unmittelbar vorausgegangen war ein großes Religionsverhör in München. Unter den zahlreichen Befragten befand sich auch Adam Berg. Aus zweierlei Gründen ist das nicht verwunderlich: Erstens – so erfahren wir aus den Verhörprotokollen – hatte Berg vor seiner Münchner Zeit in einem protestantischen Umfeld gelebt; zweitens wusste man genau einzuschätzen, wie groß der Einfluss des Buchgewerbes, dessen wichtigster Vertreter in München er war, auf das Lesepublikum und damit auf eine wachsende Öffentlichkeit war.

Berg gab im Verhör außerdem zu, früher das Abendmahl nach lutherischem Verständnis unter beiderlei Gestalt empfangen und seit seiner Übersiedlung in die bayerische Hauptstadt nicht mehr kommuniziert zu haben. Seine Aussagen untermauerte er mit der Vorlage eines gedruckten Glaubensbekenntnisses. Diese Provokation büßte er durch eine zehntägige Beugehaft im Falkenturm.

Während die Lage der Druckerei von Vater und Sohn Schobser nicht exakt zu lokalisieren ist (Kreuzgasse, später Irchergasse – heutiger Promenadeplatz bzw. heutige Ledererstraße – werden immer wieder, allerdings ohne Angabe von Hausnummern, genannt), gibt das Häuserbuch genau Auskunft, wo sich Berg ab ca. 1568/70 niedergelassen hat. Er ist um diese Zeit als Eigentümer des Hauses in der Fürstenfelder Straße 15 belegt, wo er bis zu seinem Tod wohnte und arbeitete.

Bereits vor Bergs Tod im Jahr 1609 hatte sich ab 1597 ein zweiter Drucker in München etablieren können. Es handelte sich um einen gewissen Nikolaus Heinrich, der – aus der protestantischen Reichsstadt Frankfurt am Main stammend – zunächst als Geselle in der Bergschen Druckerei gearbeitet und in dieser Zeit eine Tochter seines Meisters aus erster Ehe geheiratet hatte. Im Jahr 1597 erhielt Heinrich ein herzogliches Privileg als Drucker und trat in Konkurrenz zu seinem Schwiegervater.

Nach dem Tod des Adam Berg führte dessen Witwe Anna seine Druckerei fort. Das größte und bedeutendste Produkt ihrer Geschäftstätigkeit war das Sammelwerk „*Bavaria sancta et pia*“ des Jesuiten Matthäus Rader, das mit zahlreichen ganzseitigen Kupfern von Raphael Sadeler ausgestattet war. Gelegentlich vermerken Drucke aus dem frühen 17. Jahrhundert auch die Namen beider Druckereien, was auf eine wenigstens punktuelle Kooperation Heinrichs mit der Stiefmutter schließen lässt. Zu Heinrichs – quantitativ eher bescheidenem – Repertoire gehörten hauptsächlich Schriften, die in das von den Münchner Jesuiten abgesteckte Themenspektrum von Frömmigkeit und Theologie passten. Zu den Besonderheiten seines Druckschaffens zählt die zwischen 1627 und 1632 bibliografisch nachgewiesene „Wochentliche Ordinari Zeitung“, ein frühes Nachrichtenblatt. Im Übrigen dauerte das Konkurrenzverhältnis der beiden Druckereien an, denn nach dem Tod der Anna Berg im Jahr 1629 führte ihr Sohn, Adam Berg d. J., das väterliche Geschäft weiter. Vermutlich starb er bereits 1634 bei der großen Pestepidemie in München. Seine Witwe Anna, geb. Bernhard, heiratete daraufhin den aus Köln stammenden Drucker und Verleger Melchior Segen, der bis 1655 sein Gewerbe in München ausübte. Auch dessen Tochter Maria Magdalena heiratete einen Drucker, Johann Wilhelm Schell, der die Offizin seines Schwiegervaters bis 1668 fortführte. Nach dem Tod ihres ersten Mannes ging die Witwe mit dem Drucker Sebastian Rauch eine Ehe ein, so dass das Geschäft von der Mitte des 16. bis zu Beginn des 18. Jahrhunderts im Familienbesitz blieb.

An der Geschichte der wichtigsten und lange Zeit auch einzigen Münchner Buchdruckerei lassen sich in besonderer Weise die Folgen der bayerischen Religionspolitik des 16. und 17. Jahrhunderts ablesen. Die hier gedruckten Schriften geben ein getreues Spiegelbild des geistigen, kulturellen und konfessionellen Lebens im Zentrum des frühneuzeitlichen Bayern.

Die Lesebedürfnisse der Münchner Bevölkerung wurden allerdings zeitweise auch durch den nur schwer kontrollierbaren Buchhandel aus benachbarten Reichsstädten mit abgedeckt. Die nach und nach verschärfte Zensurgesetzgebung im Herzogtum behinderte dagegen eine ökonomisch spürbare Entfaltung der „Schwarzen Kunst" im Land und seiner Residenzstadt. Unter Beibehaltung der strengen Zensur entwickelt sich München ab den späteren Jahrzehnten des 16. Jahrhunderts jedoch zu einem Zentrum antireformatorischen und römisch-katholischen Schrifttums im deutschsprachigen Raum. Dieses besondere Profil – mit seiner Orientierung an Autoren und Literatur der romanischen Länder – hebt die Buchproduktion der Stadt deutlich ab von den sonst eher protestantisch dominierten Hochburgen des Buchdrucks und -handels im deutschen Sprachraum der frühen Neuzeit.

Das Augustinerkloster: Wirkungsstätte wichtiger Weggefährten Luthers

Die Entstehung des Ordens der Augustiner-Eremiten

Das 13. Jahrhundert ist berühmt durch die Gründungen geistlicher Gemeinschaften, aus denen die späteren großen Bettelorden der Franziskaner, Dominikaner und Augustiner-Eremiten hervorgegangen sind. Mit dem Wachstum der Städte vermehrten sich auch sprunghaft die Niederlassungen dieser Orden, da ihre Mitglieder es sich zur besonderen Aufgabe gemacht hatten, die Stadtbewohner mit Seelsorge und Predigt zu versorgen. Diese neuen Aufgaben verlangten auch eine gründliche Schulung des Ordensnachwuchses. So haben besonders die im Laufe des 13. Jahrhunderts gegründeten Bettelorden die Theologie an den Universitäten Europas personell geprägt. Auch derjenige der Augustiner-Eremiten hat im 14. und 15. Jahrhundert bedeutende Hochschultheologen hervorgebracht. Folglich verwundert es auch nicht, dass dieser Orden auch bei der Universitätsneugründung des sächsischen Kurfürsten in Wittenberg 1502 von Anfang an mit dabei war. Kurfürst Friedrich der Weise (1463–1525, reg. ab 1486) übertrug den Augustiner-Eremiten eine der Professuren an der Theologischen sowie die Dozentur für Moralphilosophie an der Artistischen Fakultät. Ferner übergab er der Gemeinschaft, die am Ort auch einen ordensinternen Studienbetrieb aufbaute, einen Bauplatz am Rand der Stadt. In diese neue Niederlassung, die die Wittenberger wegen des Habits ihrer Bewohner bald „Schwarzes Kloster“ nannten, zogen Ordensbrüder unterschiedlicher regionaler Herkunft. Unter ihnen finden sich auch einige aus dem Münchner Kloster.

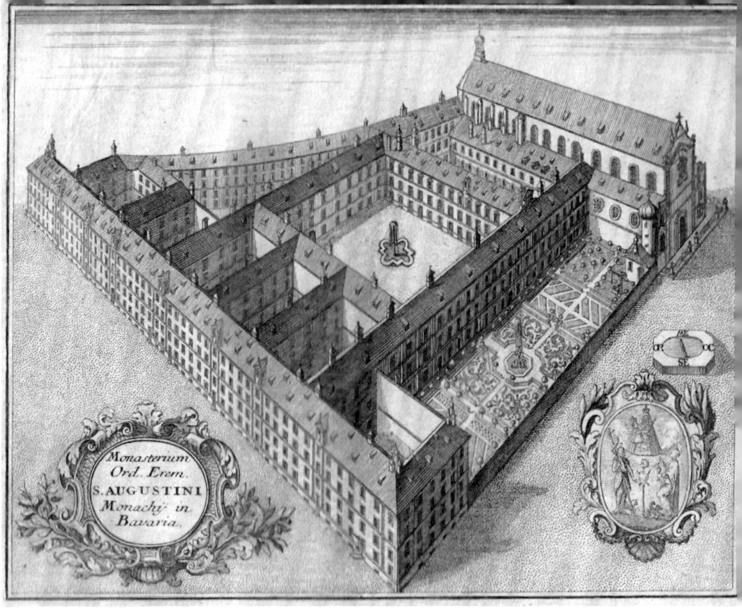

Ansicht des Augustinerklosters. – Kupferstich von Johann Matthias Steidlin, Augsburg um 1731.

Die Ordensniederlassungen in München und Wittenberg

Das Kloster der Augustiner-Eremiten in München wurde 1294 gegründet. Es entstand auf dem Gebiet der Stadterweiterung des 13. Jahrhunderts. Die gekrümmte Ostseite des Klosterkomplexes verlief entlang der alten Stadtbefestigung (1. Stadtmauer von 1175, heutige Augustinerstraße) und reichte bis an den Schönen Turm an der Nahtstelle von Neuhauser und Kaufinger Straße. Längs zu dieser Straße entstand die Klosterkirche, von der heute nur noch die architektonische Hülle an das ehemalige Gotteshaus des Bettelordens erinnert (Neuhauser Straße 53).

Die frühen Bindungen zwischen den beiden Ordensniederlassungen in München und Wittenberg lassen sich besonders an einer Reihe von bekannten Augustinern festmachen. Immerhin tauchen in der Matrikel der Universität Wittenberg, die nach humanistischem Brauch den gräzisierten Namen

„Leucorea“ erhielt, mehrere Augustinermönche mit einem direkten Bezug zur Stadt an der Isar auf. Neben Johannes von Staupitz sind schon im Gründungsjahr zwei weitere Brüder aus dem Münchner Konvent namentlich bekannt: Gregor Mayr und Wolfgang Ostermayr, von dem noch zu reden sein wird. Über den Ersteren ist neben der Einschreibung als Student der Leucorea nur die Graduierung zum Magister im Jahr 1503 quellenmäßig belegt. Im Sommer 1507 folgten als neu eingeschriebene Studenten aus München ferner ein Frater Sebastian Amer Monacensis, ein Jahr später ein Frater Caspar Currificis Monacensis (Currifex ist die latinisierte Form des Nachnamens ‚Wagenbauer') und im Winter 1508/09 ein Frater Leonardus Monacensis. Über diese drei Münchner Augustiner ist in den Wittenberger Quellen weiter nichts überliefert, man weiß nicht, wie lange sie blieben und wohin sie gingen.

In vorreformatorischer Zeit begegnet schließlich in der Matrikel der Leucorea noch der Münchner Augustinerbruder Leonhard Bayer (auch: Reiff), der sich im Sommer 1514 an der kursächsischen Universität immatrikulierte; auch von ihm wird noch die Rede sein. Lediglich kurzfristige oder nicht mit letzter Sicherheit erwiesene Beziehungen zu München haben ferner die Augustinermönche Wenzeslaus Linck und Kaspar Güttel, die vorübergehend in Wittenberg studierten und beide später ebenfalls als reformatorische Prediger Bedeutung erlangten.

Luthers väterlicher Vorgesetzter: Johannes von Staupitz

Zunächst ist aber an Johannes von Staupitz zu erinnern. Er kam um 1465 im sächsischen Motterwitz (bei Grimma) zur Welt und ist in den 1480er-Jahren an den Universitäten Leipzig und Köln als Student nachweisbar. Nach seinem Studium war er um das Jahr 1490 in das Münchner Kloster der Augustinermönche eingetreten, dem er auch in späteren Jahren verbunden bleiben sollte. Von dort wurde er zum Weiterstudium nach Tübingen geschickt. In der württembergischen Universitäts-

Porträt des Johannes von Staupitz (um 1465–1524).

stadt lehrte und predigte er und erwarb im Jahr 1500 den theologischen Doktorgrad, der ihn sowohl für eine akademische wie auch für eine ordensinterne Leitungsaufgabe qualifizierte. Schon zwei Jahre später wählte man ihn zum Prior und damit zum Leiter des Münchner Augustinerklosters. Von dort aus ging seine Karriere steil weiter: Im Jahr 1503 berief ihn der sächsische Kurfürst, dessen Landeskind er war, auf die dem Orden zugewiesene Theologieprofessur der Leucorea. Somit gehörte er zu den Gründungsmitgliedern der Theologischen Fakultät. Er engagierte sich in den folgenden Jahren auch im Dienste des Kurfürsten für die Etablierung der neuen Hochschule. So ist etwa die päpstliche Privilegierung der Leucorea 1507 wesentlich auf Staupitz' diplomatische Tätigkeit in Rom zurückzuführen.

Fast gleichzeitig mit seiner Berufung auf die Wittenberger Professur 1503 ereilte ihn die Wahl zum Generalvikar der Reformkongregation seines Ordens. In dieser Funktion stand ihm eine Mammutaufgabe bevor, galt es doch, in den ordensinternen Flügelkämpfen das Profil der Reformbefürworter zu schärfen und organisatorisch abzusichern. Viele Visitationsreisen in den Klöstern und einige diplomatische Missionen an die Kurie in Rom waren dafür nötig – für eine dieser Missionen (1510/11) setzte Staupitz seinen jungen Erfurter Ordensbruder Martin Luther ein.

Auf einer in München stattfindenden Ordensversammlung wurde Staupitz 1508 im Amt des Generalvikars bestätigt. In den folgenden Jahren beschäftigte ihn das leitende Ordensamt so stark, dass er zum Wintersemester 1512/13 seine theologische Professur abgab. Erneut nominierte er auch für diese Funktion seinen Erfurter Ordensbruder Luther, ernannte diesen gleichzeitig zum Subprior des Wittenberger Konvents und bestellte ihn 1516 außerdem zum Distriktsvikar mit der Aufsicht über etwa ein Dutzend mitteldeutsche Klöster.

Nicht nur als Organisator innerhalb seines Ordens, sondern auch als Prediger vertrat Staupitz dezidiert Gedankengut zur Kirchenreform. Seine umfangreiche Predigttätigkeit führte ihn wiederholt nach München, so in den Jahren 1504, 1507, 1516, 1517, 1519 und 1521. Die Reihe der Adventspredigten von 1517 wurde – offenbar wegen entsprechender Nachfrage – im Folgejahr durch den Münchner Drucker Hans Schobser aufgelegt; die Ausgabe widmete Staupitz der im Püttrichkloster in München wohnenden Herzoginwitwe Kunigunde, die seine Predigtgottesdienste auch persönlich besucht hatte. Zum Dank für seine Wirksamkeit als Prediger ließ der Münchner Stadtrat nach Auskunft der Kämmereirechnungen mehrfach Weinpräsente an ihn liefern. Nicht nur hier, sondern auch an anderen Orten, an denen er wiederholt von der Kanzel sprach, sammelte er eine Reihe von Anhängern um sich. Besonders gut fassbar ist die Nürnberger „sodalitas Staupitziana“, die als eine der Keimzellen der späteren Reformationsbewegung in der fränkischen Reichsstadt zu sehen ist.

Beim aufbrechenden Konflikt Luthers mit dem Papsttum hat Staupitz seine schützende Hand über den jüngeren Ordensbruder gehalten. Erst mit Staupitz' Rückzug aus dem Generalvikariat im Jahr 1520 und seinem Wechsel in die Salzburger Benediktinerabtei St. Peter trat eine allmähliche Entfremdung zwischen beiden ein. Trotzdem zeugt auch noch ihr später Briefwechsel von der tiefen inneren Beziehung, die den Ordensvorgesetzten und Seelsorger Staupitz mit dem an sich und Gott zweifelnden Mönch Luther über Jahre hinweg verband.

Staupitz, dessen Schriften 1559 auf dem päpstlichen Index der verbotenen Bücher landeten, da sie nach Ansicht der Kurie der Reformation den Weg ebneten, starb 1524 als Abt von St. Peter in Salzburg.

In einem Brief Martin Luthers aus Wittenberg an Johannes von Staupitz in Salzburg vom 14. Januar 1521 heißt es:

Heil! Als wir in Augsburg [im Oktober 1518 beim Verhör vor Kardinal Cajetan; AG] *waren, hochwürdigster Vater, sagtest Du unter anderem, als wir über diese meine Sache handelten, zu mir: „Denke daran, Bruder, dass Du dies im Namen unseres Herrn Jesus Christus angefangen hast!" Dieses Wort habe ich, nicht als von Dir, sondern durch Dich mir gesagt, angenommen, und habe es bis heute lebendig im Gedächtnis behalten.*

Darum bitte ich Dich jetzt mit diesem Deinem Wort: Denke auch Du daran, dass Du dieses Wort zu mir gesagt hast. Bisher ist in dieser Sache nur gespielt worden, jetzt wird es ernst; und wie Du gesagt hast, wenn Gott es nicht vollbringt, wird es unmöglich vollbracht werden. Offensichtlich liegt es nun in der Hand des allmächtigen Gottes, das kann niemand bestreiten. Wer will hier raten? Was soll ein Mensch denken? Das Lärmen tobt gewaltig und scheint mir vor dem Jüngsten Tag nicht gestillt werden zu können, so groß ist die Erregung auf beiden Seiten.

Das Papsttum ist nicht wie gestern und vorgestern; auch wenn es exkommuniziert und Bücher verbrennt, ja selbst mich tötet, so stehen doch in der Tat große Dinge vor der Tür. […]

Lebe wohl, mein Vater; bete für das Wort Gottes und für mich; ich werde von diesen Fluten mitgerissen und umhergeworfen.

Wittenberg, am Tage des Felix 1521.

Martinus Luther, Augustiner

Kurz vor seinem Tod schrieb Staupitz aus Salzburg ein letztes Mal an Luther. In diesem Brief wird einerseits sein tiefes Verständnis für die Anliegen der Reformation deutlich. Andererseits zeigt sich darin unverkennbar die Sorge angesichts der drohenden Veränderungen:

An den Herrn Martinus Luther, seinen größten Freund und Diener Christi [schreibt] *Dein Bruder und Schüler Johannes, Diener Christi.* […]

Du schreibst so oft, bester Martin, und überziehst meine Standhaftigkeit mit Verdacht. Dazu sage ich: Mein Glauben an Christus und das Evangelium ist unbeschädigt und beharrlich; freilich

bedarf ich der Fürbitte, dass Christus meinem Unglauben aufhelfe und ich das Menschliche verabscheue; in meiner Anhänglichkeit an die Kirche bin ich lau. Zu Dir habe ich die allerbeständigste Liebe, beständiger als Frauenliebe, immerwährend und unzerstörbar. Nur, sieh es mir nach, wenn ich ob der Langsamkeit meines Geistes manchmal nicht begreife, was Du meinst, und deshalb mit Stillschweigen darüber hinweggehe.
Ihr verdammt vieles, wie mir scheint, ganz und gar Äußerliches, das mit dem Glauben und der Gerechtigkeit nichts zu tun hat, wertneutral ist und, im Glauben an unsern Herrn Jesus Christus getan, das Gewissen nicht im mindesten beschwert. Warum also sollen die Herzen der Einfältigen in Verwirrung geraten? Und was hat die Gewänder der Ordensleute Deiner Nase so verhasst gemacht, wo doch die meisten [das ihrige] *in heiligem Glauben an Christus tragen? Missbrauch kommt, leider, in so gut wie allen menschlichen Einrichtungen vor, und nur wenige richten alles nach dem Richtscheit des Glaubens aus; nichtsdestoweniger gibt es sie. Deshalb darf man nicht wegen des Übelstandes in einzelnen Fällen eine Sache im Wesen verwerfen. Landaus landein werft ihr alle Gelübde ab, auf ganz wenige* [Gründe], *vielleicht nur einen gestützt. Ich überschütte Dich deshalb mit Bitten, liebster Freund, denke an die Kleinen und versetze nicht die ängstlichen Gewissen in Unruhe. Was wertneutral ist und mit einem aufrichtigen Glauben zusammen bestehen kann, verdamme, bitte, nicht. In den Dingen, die zum Glauben im Widerspruch stehen, schreie, lass nicht ab!*
Wir verdanken Dir viel, Martin; Du hast uns vom Futter für die Schweine am Trog auf die Weiden des Lebens zurückgeführt, zu den Worten des Heils. […] *Euch schulden wir Dank, weil ihr gepflanzt habt und gegossen, und lassen Gott die Ehre, dem allein wir die Macht zutrauen, zu Kindern Gottes zu machen.*
[…] *Wäre es mir doch vergönnt, auch nur eine Stunde mit Dir zu sprechen und Dir die Geheimnisse des Herzens zu eröffnen. Ich empfehle Dir, mein Bruder, den Überbringer dieses Briefes, einen Schüler von dir. Bewerkstellige es mit Eifer und Geschick, dass er gute Frucht bringe und der Wittenberger Universität zur Ehre gereiche. Mögen meine unwürdigen Bitten etwas ausrichten, bin ich doch einst als Vorläufer der heiligen evangelischen*

Lehre auf den Plan getreten und habe die babylonische Gefangenschaft gehasst, wie ich dies auch jetzt noch tue.
Lebe wohl und bestelle ein solches Lebewohl auch Philipp [Melanchthon], *Amsdorf, Dr. Hieronymus* [Schurff] *mit den übrigen besten Freunden. Gegeben zu Salzburg am ersten April 1524.*

Erst Luthers Kollege, dann Gegner: Wolfgang Ostermayr

Neben Staupitz begegnet in der Wittenberger Matrikel bereits 1502 der Name des Münchner Augustinerbruders Wolfgang Ostermayr. Wie es häufig bei frühneuzeitlichen Namen vorkommt, existieren unterschiedliche Namensformen; dieser Mann schreibt sich auch Ausermayer und Cäppelmair. Er hatte sein Studium kurz vorher noch in Tübingen begonnen, kam dann bald an die Leucorea und wird dort schon 1503 zum Baccalaureus graduiert; im Folgejahr erwarb er den Magistergrad an der artistischen Fakultät, an der man die philosophischen Grundlagenfächer studierte. Somit hatte er die formalen Voraussetzungen erfüllt, um an dieser Fakultät auch in den Lehrkörper aufgenommen zu werden.

Ostermayr findet sich im frühesten Lektionskatalog der Leucorea von 1507 auf der Dozentur für Moralphilosophie, die vom Kurfürsten neben einer Theologieprofessur ebenfalls den Augustinermönchen übergeben worden war. Neben seiner moralphilosophischen Lehrtätigkeit studierte er Theologie, was damals ein durchaus übliches Vorgehen war. Er ist der erste Augustiner-Eremit, der im Frühjahr 1509 in Wittenberg den theologischen Doktorgrad erwarb. Übrigens war Martin Luther bei seiner vorübergehenden Lehrtätigkeit auf der Dozentur für Moralphilosophie im Wintersemester 1508/09 Ostermayrs direkter Nachfolger. Gleichzeitig mit der Doktorpromotion seines Münchner Ordensbruders erwarb Luther im März 1509 den untersten theologischen Grad eines *baccalaureus biblicus*. So studierten beide parallel, und man darf angesichts der niedrigen Studentenzahlen an

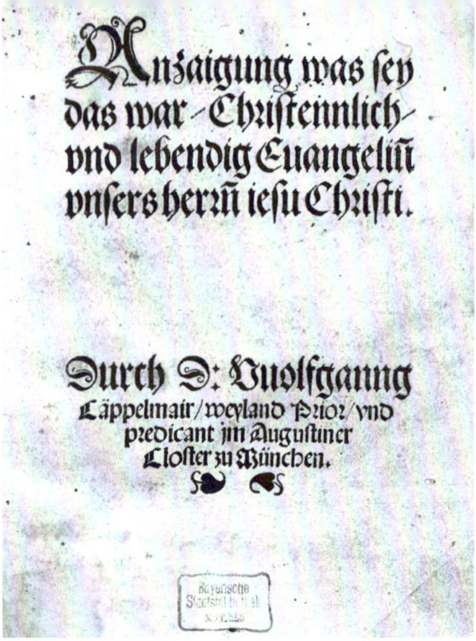

Titelblatt von Wolfgang Cäppelmair: „Anzaigung, was sey das war, Christennlich, vnd lebendig Euangeliu[m] vnsers herr[n] iesu Christi“, [München 1538] (VD 16 C 29).

einer spätmittelalterlichen Universität und speziell im Fach Theologie annehmen, dass sie sich persönlich kannten.

Ostermayr lehrte ab 1509 an der Theologischen Fakultät und amtierte von Herbst 1510 bis Herbst 1511 als Dekan. Zu seinen Aufgaben als Haupt der Fakultät zählten vor allem die Geschäftsführung und der Vorsitz bei Promotionsakten. Unter seinem Dekanat wurde unter anderem der aus dem unterfränkischen Karlstadt stammende Andreas Bodenstein promoviert, der sich später vom Mitstreiter Luthers schon bald zum radikalen Reformator ganz eigener Prägung weiterentwickelte.

Im Herbst des Jahres 1511 kehrte Ostermayr in seinen Heimatkonvent zurück. In den 1520er-Jahren ist er als Prior nachweisbar; er leitete das Münchner Kloster ganz auf der Linie der bayerischen Religionspolitik. Ein Beleg hierfür ist der Brief, den Philipp Melanchthon, der Wittenberger Reformatorenkollege Luthers, im Dezember 1521 schrieb; darin meldet er als Neuigkeit, dass die bayerischen Herzöge einen namentlich nicht bekannten, evangelisch gesinnten Augustiner aus München vertrieben hätten.

Über den Todeszeitpunkt Ostermayrs existieren unterschiedliche Nachrichten; es gibt Indizien dafür, dass er möglicherweise schon 1531, vielleicht aber auch erst 1546 gestorben ist. Er ist jedenfalls als Verfasser einer umfangreichen Polemik gegen die reformatorische Schrifttheologie hervorgetreten, die 1538 im Druck erschienen ist. Ob das „weyland“ (= vormals) auf dem Titelblatt als Hinweis auf seinen Tod oder auf das Ende seiner Amtszeit als Prior zu deuten ist, lässt sich nicht mit Sicherheit sagen. Zu dieser Schrift steuerte der Ingolstädter Theologe und profilierte Luthergegner Johannes Eck eine Vorrede bei. Das Werk wurde zunächst in München bei Andreas Schobser gedruckt und erfuhr zwei Jahre später noch einen unfirmierten Nachdruck. Georg Westermayer schreibt in seinem 1876 erschienenen Artikel in der Allgemeinen Deutschen Biographie über Cäppelmair sogar: „Herzog Albrecht V. soll die Erhaltung des Katholicismus in Baiern großentheils C. zu geschrieben haben.“

Wolfgang Ostermayr (Cäppelmair) ist somit ein anschauliches Beispiel für einen Augustinermönch aus dem Umkreis von Luthers frühen Jahren an der Wittenberger Universität, der sich den Ideen der Reformation nicht geöffnet hat.

Luthers Assistent: Leonhard Reiff

Weniger in solchem Einklang, sondern vielmehr in direkter Konfrontation mit dem religionspolitischen Kurs in Bayern verlief der Weg des Mannes, um den es im folgenden Abschnitt geht: Ebenfalls aus München stammte Leonhard Reiff, der nach seiner Heimat in den Quellen häufig einfach ‚Bavarus‘ oder ‚Bayer‘ (auch: Beyer) genannt wird. Im Jahr 1514 wird er als Augustinerbruder an der Leucorea immatrikuliert. In den folgenden Jahren erwirbt er den Grad eines Baccalaureus und Magister artium. Er scheint im fortgeschrittenen Stadium seines Studiums bereits eng mit Luther in Kontakt gestanden zu haben; der Reformator wird 1534 einmal in einem Brief an Kurfürst Johann Friedrich von Sachsen schreiben, Reiff sei „unter mir aufgewachsen“.

Schon 1518 finden wir Reiff als Wegbegleiter Luthers bei zwei wichtigen Ereignissen: Im Frühjahr reisten beide zur Heidelberger Disputation der Augustiner-Eremiten-Kongregation

(April 1518). Im Herbst begaben sich beide nach Augsburg. Auf Luther wartete dort der erste Höhepunkt des sog. römischen Prozesses, nämlich das Verhör vor dem päpstlichen Gesandten Cajetan am Rande des Reichstages. Luther und Reiff verließen am 26. September 1518 Wittenberg. Es war üblich, dass Bettelmönche zu Fuß und in Begleitung unterwegs waren. Nach einem etwa 550 km langen Weg über Weißenfels, Weimar, Coburg und Nürnberg – hier machten sie Station beim damaligen Prior Wenzeslaus Linck, der sie auf der Weiterreise begleitete – kamen sie am 7. Oktober in Augsburg an. Dort wurden sie freundschaftlich im Karmeliterkloster St. Anna empfangen und bezogen ihr Quartier. Der Karmeliterprior Johannes Frosch kannte Luther bereits aus seiner Studienzeit in Wittenberg; außerdem lag die Einquartierung in diesem Bettelordenskloster nahe, da es in Augsburg keine Niederlassung der Augustiner-Eremiten gab.

Während der mehrtägigen Verhandlungen zwischen Luther und dem Kardinal versuchten zwei Ordensbrüder immer wieder zu vermitteln: Sowohl Luthers Ordensvorgesetzter Staupitz, als auch der damalige Nürnberger Prior Linck. Nach der fluchtartigen Abreise Luthers am Abend des 20. Oktober blieb Reiff noch in Augsburg. Er hat zwei Tage später gemeinsam mit dem Karmeliterprior Frosch Luthers Appellation an den Papst an der Domtür angeschlagen. Luther war am 31. Oktober wieder daheim in Wittenberg. In einem Brief vom 12. November berichtete er dann auch von der Heimkehr seines Wegbegleiters.

Reiff verbrachte die folgenden Jahre wieder im Wittenberger Kloster und in der Umgebung Luthers. Dort fand im Januar 1522 ein Ordenskapitel statt. Es stand unter der Leitung des damaligen Generalvikars Wenzeslaus Linck, der inzwischen seine Funktion als Nürnberger Prior aufgegeben hatte und zu Staupitz' Nachfolger gewählt geworden war. Zu diesem Anlass wurden die wenig später (im April 1522) auf einem Ordenskapitel in Grimma beschlossenen reformatorischen Maßnahmen vorbereitet. Die Wittenberger Entscheidungen sahen vor, den Ordensangehörigen einen Klosteraustritt zu ermöglichen, den Bettel abzuschaffen und sich künftig allein am Wort Gottes zu orientieren. Diese wichtigen Beschlüsse sollten und mussten anderen Konventen bekannt gemacht werden, weshalb Ordensbrüder als Boten eingesetzt wurden. Den jungen Leonhard Reiff sandte man in sein Heimatkloster nach München. Ob er an seinem Zielort lediglich die Wittenberger Entscheidungen kommunizierte oder ob er auch aktiv und öffentlich reformatorisches Gedankengut propagierte, weiß man nicht genau. Fest steht, dass er verhaftet und im Münchner Falkenturm (siehe auch S. 94f.) eingekerkert wurde.

Im Januar 1525 schrieb Luther in einem Brief an den befreundeten Nikolaus von Amsdorff erleichtert: „Unser Leonhard, der in München gefangen war und durch Gottes Hilfe befreit worden ist, hält sich soeben bei uns auf." Noch im gleichen Jahr sandte er seinen Adlatus Reiff nach Guben in die Oberlausitz, um dort in den folgenden Jahren die Reformation einzuführen. Ab 1532 war er Superintendent in Zwickau und pflegte in diesen Jahren Briefkontakt mit Luther. Nach dem Schmalkaldischen Krieg und der Einführung des Interims 1548 verließ er Sachsen. Er wirkte zunächst übergangsweise als Pfarrer in Cottbus und wurde dann vom brandenburgischen Kurfürsten als Superintendent nach Küstrin berufen. Dort starb er 1552.

Luthers Ordensbrüder: Wenzeslaus Linck und Kaspar Güttel

In lockerer Beziehung zum Münchner Augustinerkloster stand ferner der 1483 im sächsischen Colditz geborene Wenzeslaus Linck, der spätere Luther-Freund und einer der wichtigsten reformatorischen Prediger in der Reichsstadt Nürnberg. Er trat 1501 oder 1502 in das Augustinerkloster Waldheim (Mittelsachsen) ein und wurde von dort zum Studium nach Wittenberg geschickt. In den Jahren 1504 und 1506 absolvierte er die akademischen Grade eines Baccalaureus und Magister artium, um dann mit dem Theologiestudium fortzufahren, dessen krönender Abschluss die Doktorpromotion im Herbst 1511 war. In den folgenden Jahren bis 1516 wirkte er an der Theologischen Fakultät der Leucorea, wo Luther sein Kollege war. Linck wurde auch 1511 zum Prior des Wittenberger Augustinerklosters gewählt

Porträt des Wenzeslaus Linck (1483–1547).

und war von 1512 bis 1515 zusätzlich Distriktsvikar. Auch in diesen Ämtern verkehrte er intensiv mit Luther, mit dem ihn bald eine enge Freundschaft verband. Dessen Doktorpromotion im Jahr 1512 fiel in die Phase von Lincks Dekanat an der Theologischen Fakultät.

Im Jahr 1516 wurde Linck kurzzeitig als Prediger an den Münchner Konvent versetzt. Nur ein Jahr später wechselte er in das Nürnberger Augustinerkloster, von wo aus er Luthers Gedankengut an die Nürnberger Humanisten vermittelte. Er begleitete den Wittenberger zur Heidelberger Disputation im April 1518 und zum Augsburger Verhör vor Kardinal Cajetan im Oktober 1518. Nachdem Staupitz 1520 sein Amt als Generalvikar niedergelegt hatte, wurde Linck zu seinem Nachfolger gewählt, doch schon zwei Jahre später trat er aus dem Orden aus, um evangelischer Prediger im thüringischen Altenburg zu werden. Luther vollzog bereits im April 1523 die Trauung seines früheren Ordensbruders mit einer Altenburger Bürgerstochter. 1525 berief der Nürnberger Rat Linck zum Prediger am Heilig-Geist-Spital, denn dieser war den Nürnbergern noch aus seiner Zeit als Prior als guter Prediger bekannt. Hier wirkte er weiterhin als beliebter Prediger und theologischer Schriftsteller bis zu seinem Tod 1547.

Linck hat für die theologische und praktische Ausgestaltung des Nürnberger Kirchenwesens einen wichtigen Anteil geleistet. Daneben hat er außer zahlreichen eigenen Werken auch exegetische Schriften Luthers herausgegeben und damit zu deren Verbreitung wesentlich beigetragen.

Luther und die Arbeit als Bibelübersetzer

Zur Zeit seines Wartburgaufenthaltes vom 4. Mai 1521 bis 1. März 1522 hat Luther nicht nur einige sonstige Schriften verfasst, sondern er hat vor allem innerhalb von zehn Wochen das Neue Testament ins Deutsche übersetzt. Es erschien bereits im Herbst 1522 („Septembertestament") und schon wenige Monate später in einer Überarbeitung („Dezembertestament"). Der große Erfolg seiner Übersetzung, die an sprachschöpferischer Qualität bleibende Maßstäbe gesetzt hat, veranlasste ihn bald, auch die Bücher des Alten Testaments schrittweise zu verdeutschen. Seine Tätigkeit als Übersetzer war stets eingebettet in den Austausch mit seinen Wittenberger Kollegen. Die gesamte Bibel erschien 1534 in deutscher Übersetzung und wurde von ihm und Letzteren bis 1545 mehrmals revidiert und verbessert.
In einem Brief an Wenzeslaus Linck in Nürnberg vom 14. Juni 1528 lässt Martin Luther seinen Freund Anteil haben an der mühevollen Arbeit der Bibelübersetzung:
Dem ebenso ausgezeichneten wie frommen Mann, Wenzeslaus Link, dem Diener Christi am Evangelium zu Nürnberg, seinem Bruder. [...]
Wir mühen uns jetzt ab, die Propheten ins Deutsche zu übersetzen. Lieber Gott, welch großes und beschwerliches Werk, die hebräischen Schriftsteller zu zwingen Deutsch zu reden, die sich so sträuben, da sie ihre hebräische Sprache nicht verlassen und die fremde deutsche Sprache nachahmen wollen; wie wenn eine Nachtigall gezwungen würde, einem Kuckuck, dessen eintönigen Ruf sie verabscheut, nachzusingen und ihren eigenen lieblichen Gesang aufzugeben. Lebe wohl und bete für uns. Sonntag nach Barnabae 1528.

Dein Martinus Luther.

Zuletzt muss noch der Frage nach einer möglichen Verbindung von Kaspar Güttel mit dem Münchner Augustinerkloster nachgegangen werden. Güttel kam um 1471 im oberpfälzischen Reitz zur Welt. Sein Geburtsort ist bei seiner Immatrikulation an der Leipziger Universität festgehalten. Ebenfalls in Leipzig sind seine Graduierungen zum Baccalaureus und Magister artium 1495 und 1503 belegt. In diese Jahre fällt wahrscheinlich auch seine Priesterweihe. Im Jahr 1515 erwarb er die Berechtigung, den Sentenzenkommentar des Petrus Lombardus, ein wichtiges theologisches Lehrbuch dieser Zeit, den Studenten zu erläutern. In dem entsprechenden Eintrag der Universitätsmatrikel wird Güttel als Spross des Münchner Augustinerklosters bezeichnet. Leider passt diese Angabe nicht zu Güttels selbst verfasstem Lebenslauf, wonach er 1515 durch Staupitz aufgefordert wurde, sich: „jnn mein landt ort, zu den Fuersten von Bayern, jnn die Stadt Muenchen genant", zu begeben. Doch wurde dieser Auftrag durch die Grafen von Mansfeld verhindert. Sie veranlassten Staupitz anzuordnen, dass Güttel sich in das neu gegründete Augustinerkloster Neustadt an der Orla begeben solle. Von dort aus kam er wenig später in das Augustinerkloster in Eisleben und wurde dort sogar Prior. Nach den mageren und widersprüchlichen Quellen über seine frühen Lebensjahre muss offen bleiben, ob er tatsächlich eine Verbindung zum Münchner Augustinerkloster hatte. Bereits 1518 hat er sich jedenfalls den reformatorischen Gedanken Luthers geöffnet und stand seither mit den Wittenberger in Kontakt. Güttel blieb in Eisleben und hat bis zu seinem Tod 1542 der Reformation im Mansfelder Land entscheidende Impulse gegeben.

Die Bedeutung der Augustinerkirche für die Evangelischen in München

Die bisherigen Ausführungen haben gezeigt, dass zwischen der Münchner und Wittenberger Niederlassung der Augustiner-Eremiten in den frühen Jahrzehnten des 16. Jahrhunderts rege Verbindungen bestanden haben. Diese Kontakte verdankten sich dem personellen Austausch zwischen beiden Konventen, deren Zentralfigur Johannes von Staupitz war. Der Wittenberger Konvent hat zu Beginn der 1520er-Jahre aufgehört zu bestehen, fast alle Ordensbrüder hatten das Kloster verlassen und sich der Reformation angeschlossen. Als letzter Mönch wohnte schließlich nur noch Luther in dem einzigen fertig gestellten Trakt des früheren Klosters. In der Folgezeit übertrug der Kurfürst ihm das Haus als Eigentum, das dieser mit Familie und Studenten bewohnte.

Das Münchner Kloster lebte unterdessen während des Priorates von Wolfgang Ostermayr in den 1520er-Jahren fort. Durch Einwirkung des Herzogs wurde versucht, den Einfluss der von der Reformation stark geprägten deutschen Reformkongregation zu beschränken. Dennoch leerte sich auch dieses Kloster in den 1530er- und 40er-Jahren dramatisch. Als es aus eigener Kraft keinen Prediger mehr stellen konnte, berief der Herzog den Benediktiner Wolfgang Seidel auf die Kanzel der Augustinerkirche; er wirkte dort wegen anderer Verwendungen und wegen seines fortgeschrittenen Alters mit nachlassender Intensität bis 1560.

In die Spätzeit seiner Tätigkeit fällt ein Aufsehen erregender Vorfall: Bei zwei aufeinander folgenden Sonntagsgottesdiensten im Juni 1558 sammelten sich evangelisch gesinnte Münchner und sangen gemeinsam reformatorische Lieder. Auch die Predigt wurde durch Störungen massiv unterbrochen. Der Münchner Stadtrat machte zunächst wenig Anstalten, die Vorfälle zu ahnden, doch zeigte sich Herzog Albrecht V. darüber sehr ungehalten und verlangte die Verhaftung von namentlich genannten Personen. Diese wurden verhört. Die Befragung und weitere flankierende Maßnahmen aus dem Jahr 1558 standen am Anfang einer Phase des härteren Durchgreifens gegen die evangelische Bewegung in München und in ganz Bayern.

Im Jahr 1559 sah das Augustinerkloster eine weitere Veränderung: Die Vorhut von acht Jesuiten, die Herzog Albrecht V. zur Gründung einer Niederlassung nach München kommen ließ, wohnte übergangsweise im Augustinerkonvent. Etwa 20 Jahre lang sollten die Jesuiten in Seelsorge und Unterricht von dieser Basis aus wirken; eine formelle Übertragung des Augustinerklosters an die „Societas Jesu“ (Gesellschaft Jesu) zerschlug sich jedoch. In den letzten zwei Jahrzehnten des 16. Jahrhunderts wurde für die Jesuiten nach und nach der Neubau eines eigenen Kollegiengebäudes mit einem Kirchenneubau realisiert – er war dem Augustinerklosterkomplex unmittelbar benachbart und nahm etwa das Doppelte von dessen Fläche ein.

Der architektonische Unterschied zum Klostergebäude der Augustiner konnte größer nicht sein: Ausmaß und Ausstattung der Michaelskirche und des Jesuitenkollegs dokumentierten eindrucksvoll die Nähe des tridentinischen Reformordens der Jesuiten zur Macht des Herrscherhauses Wittelsbach. Die Münchner Niederlassung des Ordens der Augustiner-Eremiten konnte in der Folgezeit nur überleben, weil auswärtige Mönche den Klosterbetrieb in der bayerischen Hauptstadt aufrechterhielten. Die Klosterkirche wurde im frühen 17. Jahrhundert grundlegend neu ausgestattet, die Klostergebäude im frühen 18. Jahrhundert neu errichtet. Erst im Laufe des 17. Jahrhunderts stabilisierten sich die inneren Verhältnisse allmählich, so dass das Kloster im Zeitalter der katholischen Aufklärung noch einige wichtige Gelehrte hervorbrachte.

Im Zusammenhang mit der allgemeinen Säkularisation in Bayern wurde auch das Münchner Augustinerkloster im Jahr 1802 aufgehoben. Seine Gebäude wurden zum Teil durch bayerische Behörden genutzt und zum Teil verkauft. Nach dem Abriss des sog. Augustinerstocks zog in den Neubau auf dem Gelände des früheren Klosters das Münchner Polizeipräsidium ein. Die Kirche wurde zunächst als Mauthalle genutzt, dann durch Ein- und Umbauten stark verändert. Nur übergangsweise erfuhr sie noch einmal eine kirchliche Nutzung: Nach dem Abbruch der alten Matthäuskirche 1938 konnte die evangelische Kirchengemeinde bis zur Zerstörung im Bombenhagel 1944 den sog. Weißen Saal in der ehemaligen Augustinerkirche als Gottesdienstraum nutzen. Seit dem Wiederaufbau in den 1950er-Jahren ist das Deutsche Jagd- und Fischereimuseum in der früheren Kirche untergebracht.

„Singet dem Herrn ein neues Lied“ oder: Musik und Reformation in München

Die Musik als ein Vehikel der Reformation

Den in der Überschrift zitierten Anfangsvers von Psalm 98 hat Martin Luther zum Thema seiner letzten Gesangbuchvorrede gemacht. Dieses Werk, das nach seinem Drucker Valentin Babst „Babstsches Gesangbuch“ (1545) genannt wird, steht – im Jahr vor Luthers Tod gedruckt – gewissermaßen am Abschluss der Entwicklung des reformatorischen Liedgutes zu Lebzeiten des Reformators. Luther selbst schätzte die Musik hoch. Er hat sich außerdem gezielt der Kirchenmusik und des Kirchenliedes bedient, um die befreiende Botschaft des Evangeliums zu transportieren und die christliche Gemeinde aktiv am Gottesdienst zu beteiligen. Er war deshalb ab 1523 selbst sowohl als Textdichter als auch als Komponist hervorgetreten (s. Kasten auf S. 25f.). Seine Vertrautheit mit kirchlicher Musik lässt sich zweifelsohne aus seinem monastischen Hintergrund erklären, gehörten doch Chorgesang und feierliche Rezitation von Psalmen zur täglichen Übung im Kloster.

Im Jahr vor dem in Leipzig gedruckten Babstschen Gesangbuch erschien in Wittenberg unter Federführung des dortigen Druckers Georg Rhau, der überdies selbst als Kirchenmusiker tätig war, die repräsentative Sammlung „Newe deudsche Geistliche Geseng“ (1544). Darin enthalten waren außerdem Choralsätze anderer Komponisten. Unter ihnen befand sich auch Ludwig Senfl, der kurz zuvor in München verstorbene Hofkapellmeister des bayerischen Herzogs.

Luthers Lob für Ludwig Senfl

Martin Luther äußert sich in den Tischreden über den Münchner Hofkapellmeister in sehr anschaulicher Weise:
Als man einige feine, und liebliche Motetten von Ludwig Senfl sang, staunte Martin Luther, lobte sie sehr und sagte: „Eine solche Motette könnte ich nicht machen, selbst wenn ich mich zerreißen müsste. Aber Senfl kann nicht wie ich einen Psalm predigen. Die Gaben des Heiligen Geistes sind so unterschiedlich wie die Gliedmaßen eines Körpers vielfältig sind. Aber niemand ist zufrieden mit seiner Gabe und findet sich nicht mit dem ab, was Gott ihm gegeben hat. Alle wollen immer der ganze Körper sein und nicht nur Gliedmaße."

Komponist und Humanist von europäischem Rang: Ludwig Senfl

Für die Musikgeschichte der ersten Hälfte des 16. Jahrhunderts ist Senfl von großer Bedeutung. Aller Wahrscheinlichkeit nach stammt er aus der heutigen Schweiz, wo er an nicht genau zu bestimmendem Ort in der zweiten Hälfte der 1480er-Jahre zur Welt kam. Über seine frühen Jahre, die musikalische Ausbildung und die ersten Jahre im Beruf ist wenig bekannt. Senfl ist aber als Hofkapellmeister bei Kaiser Maximilian I. (1459–1519) in dessen letzten Lebens- und Regierungsjahren nachgewiesen. Vielleicht hatte er auch schon früher Kontakte nach Augsburg. Jedenfalls konnte er Verbindungen in die damalige Handelsmetropole während seiner Zeit am Kaiserhof (weiter) knüpfen, denn die Lechstadt galt als besonders herrschernah. So ging Senfl nach Maximilians Tod und der Auflösung seiner Hofkapelle zunächst wieder dorthin und stand hier mit dem reichsstädtischen Humanistenkreis in Kontakt.

Ein prominentes Mitglied dieses Kreises war Konrad Peutinger, der Augsburger Stadtschreiber, also der Leiter der reichs-

Porträt des Münchner Hofkapellmeisters Ludwig Senfl (um 1490–ca. 1543).

städtischen Kanzlei. Dieser schrieb 1520 eine Widmungsvorrede für die erste von Senfl herausgegebene Motettensammlung, die unter dem Titel „*Liber selectarum cantionum*" im Druck erschien. Peutinger rühmte ihn darin als gelehrten und bewährten Tonkünstler („*eruditus et expertus musicus*"). Bereits kurze Zeit später – ab 1522/23 – stand Senfl dann in Diensten der bayerischen Herzöge. In den folgenden zwei Jahrzehnten war er als Kapellmeister und Leiter der Münchner Kantorei organisatorisch und kompositorisch tätig. Er hat in seinem Wirken den Grundstock gelegt für die Bedeutung der bayerischen Hofkapelle auf europäischem Niveau. Im Jahr 1532 erwarb er ein Haus im Münchner Hackenviertel (Hofstatt Nr. 6), das ihm bis zu seinem Tod um 1543 gehörte.

Die Nähe Senfls zum zeitgenössischen Humanismus legt die Frage nahe, wie er sich zur Reformation positioniert hat. Zunächst einmal spricht sein Münchner Arbeits- und Lebensmittelpunkt eher gegen eine Verbindung zu derlei Gedankengut. Doch gehörte er zu einer Generation von humanistisch gesinnten Persönlichkeiten, für die die Lagerbildung in zwei konfessionelle Großblöcke noch nicht vollzogen war und die folglich auch persönlich noch nicht in entsprechenden Kategorien gedacht haben. Nur so ist der Kontakt Senfls mit führenden Persönlichkeiten der Reformation zu erklären.

Brief Luthers an Senfl

Martin Luther schrieb Anfang Oktober 1530 von der Veste Coburg an Ludwig Senfl in München. Mit seinen Ausführungen über die Bedeutung der Musik zählt dieser Brief zu den bemerkenswertesten Korrespondenzstücken des Reformators:

Gnade und Frieden in Christo! Obwohl mein Name so verhasst ist, dass ich fürchten muss, dass Du diesen Brief, den ich sende, nicht ganz sicher empfangen und lesen kannst, bester Ludwig, so hat doch die Liebe zur Musik, mit der ich Dich geziert und begabt sehe von meinem Gott, diese Furcht besiegt. Diese Liebe hat mir auch Hoffnung gemacht, dass Dir mein Brief keine Gefahr bringen wird. Denn wer sollte selbst einen Türken tadeln, wenn er die Kunst liebt und den Künstler lobt? Ich aber lobe sogar Deine Herzöge von Bayern sehr, so wenig sie mir auch geneigt sind, und acht sie vor anderen, weil sie die Musik so pflegen und ehren. Und so ist es kein Zweifel: Viele Samen guter Eigenschaften stecken in den Gemütern, die von der Musik ergriffen werden; die aber nicht von ihr ergriffen werden, sind, denke ich, Stümpfen und Steinen gleich. Denn wir wissen, dass die Musik auch den Dämonen verhasst und unerträglich ist. Und ich urteile frei heraus und scheue mich nicht zu behaupten, dass nach der Theologie keine Kunst sei, die der Musik gleichzustellen wäre, weil sie allein nach der Theologie das schenkt, was sonst allein die Theologie schenkt: ein ruhiges und fröhliches Herz. [...]

Aber was lob ich jetzt die Musik und versuche, auf einem so kleinen Blatt Papier eine solche Sache abzumachen oder vielmehr zu verunstalten? Aber mein Herz geht über, und meine Liebe zu ihr sprudelt so heraus, die mich so oft erquickt und aus großen Nöten befreit hat. [...].

Grüße mir den ganzen Chorus Deiner Musik ehrerbietig. Aus Coburg, am 4. Oktober 1530.

Als Mittelsmann der Korrespondenz zwischen Senfl und Luther fungierte der Nürnberger Patrizier Hieronymus Baumgartner, der früher einmal in Wittenberg studiert hatte. Durch diesen umständlichen Kommunikationsweg sollten von vorneherein

Unannehmlichkeiten vermieden werden, die für Senfl am Münchner Hof gedroht hätten, wäre sein direkter Kontakt mit Luther ans Licht der Öffentlichkeit gekommen.

Im selben Brief bat Luther Senfl um eine mehrstimmige Komposition von „*In pace in id ipsum*" („Ich liege und schlafe ganz in Frieden", Psalm 4,9); er bettete diesen Wunsch ein in Äußerungen über seine Nöte und Anfechtungen. In Reaktion auf Luthers Brief schickte Senfl zwei Kompositionen, zum einen die gewünschte und zum anderen eine Motettenkomposition des Psalms 118, 17 „*Non moriar, sed vivam et narrabo opera Domini*" („Ich werde nicht sterben, sondern leben und die Werke des Herrn verkündigen"). Man hat in dieser Antwort einen feinsinnigen Fingerzeig des Komponisten sehen wollen: Senfl schickte dem niedergeschlagenen Luther ausgerechnet die Vertonung eines Psalms, der von gläubiger Zuversicht handelt. Ein Vierteljahr später sandte Luther einen Brief an Baumgartner, dem eine Kiste mit Büchern samt Brief als Dank an Senfl beigefügt war.

Neben Baumgartner in Nürnberg scheint es auch andere Kontaktleute zwischen den beiden gegeben zu haben. Ein Schwager Baumgartners, der Münchner Ratsherr und Patrizier Bartholomäus Schrenk, zählte zu den Gönnern Senfls. Ebenso erzählt der in München aufgewachsene Johannes Mathesius in einer Luther-Predigt über einen gewissen Zacharias Weichsner, der Pfarrer in Fürstenfeldbruck war und ebenfalls als Kontaktperson fungierte.

Luthers erster Biograf über Senfl und Luther

In einer Predigt zu Luthers Leben bringt Johannes Mathesius auch die Beziehung Senfls und Luthers zur Sprache:
Diesen wunderschönen Vers („Non moriar, sed vivam et narrabo opera Domini") *hat Luther mit seiner eignen Hand sich an alle Wände* [der Unterkunft auf der Veste Coburg] *vorgeschrieben und neben der Antiphon: „In pace in idipsum" offtmals gesungen und darneben begehrt von Ludovico Senfl, dem christlichen und weitberühmten des* [Herzogs] *von Beyern Komponisten, der wolle ihm diese zwei Gesänge mit etlichen Stimmen*

schmücken. […] *Mein guter Freund Senfl, der mir durch den Pfarrer zu Bruck* [bei Fürstenfeld, Zacharias Weichsner] *viele liebliche Psalmen zugeschicket hat, willfähret mit Freuden Doktor Luthern und schicket ihm die schöne Motette, das „Non moriar", und das Responsorium: „In pace in idipsum"; daran und an seinem kunstvollen: „Ecce quam bonum", welches er dem Reichstag, als der Kaiser ankam, zur Ermahnung ließ ausgehen, hat mich und meine Mitsänger, neben seinem „Nunc dimittis", oftmals von Herzen erfreuet. Schöne Motetten oder weise Melodien, die ihre Seele, ihr Leben und einen guten Text haben, sind aller Ehren wert als köstliche Gaben Gottes.*

Senfl hatte nicht nur Kontakte zu reformatorischen Persönlichkeiten in Nürnberg und stand im Briefkontakt mit Luther; bemerkenswert sind auch seine Beziehungen zu Herzog Albrecht in Preußen, der zu den ganz frühen Reformationsfürsten gezählt werden kann. Aus den 1530er-Jahren sind etwa zwei Dutzend Korrespondenzstücke erhalten, die vom engen musikalischen Austausch zwischen dem Münchner Komponisten und dem preußischen Herzog, einem bekannten Musikfreund, Zeugnis ablegen. Albrecht beschäftigte sogar Mittelsmänner in München, die ihm Senfls Kompositionen beschaffen sollten.

Spätere Würdigung des Kontaktes von Senfl und Luther

Auf die historische Dimension der bemerkenswerten Verbindung zwischen Senfl und Luther hat schon 1817 der in München wirkende Archivar und Historiker Johann Karl Sigmund Kiefhaber (1762–1837) – er stammte aus Nürnberg, war evangelisch und ist somit ein frühes Beispiel für die gelungene Integration der Franken in den modernen bayerischen Gesamtstaat – in einer Publikation zum 300. Reformationsjubiläum hingewiesen. Er äußert sich in geradezu überschwänglichen Worten über das künftig zu erwartende ökumenische Miteinander in Bayern.

Da man dem hehren Geiste der Duldung und der Aufklärung verdankt, daß unter dem Schutze der weisen und milden Regie-

rung des gütigen Königs Maximilian Joseph in Baiern das dreyhundertjährige Gedächtnißfest der durch Dr. Martin Luther so glücklich bewirkten Kirchenverbesserung nicht nur im ganzen Königreiche, sondern auch in der königlichen Residenz öffentlich und feyerlich begangen werden kann; so verdient es wohl, daß jenes Schreiben, welches Dr. Martin Luther im Jahre 1530 aus Coburg an den damaligen Hofmusikus Ludwig Senfel in München erließ, in das Gedächtniß gerufen werde; [...].
Möge es in Allem immer besser werden; möge es sich immer mehr dahin neigen, daß alle Christen einst Hand in Hand gehen; ein Geist, ein Sinn und eine Liebe sie belebe! Und in welchem Lande kann man sich dessen froher getrösten, als da, wo der Regent auf dem Throne und dessen erhabne Gemahlin, so wie die künftige Hoffnung des Volks, der edle Kronprinz und die verehrte Kronprinzessin, mit den ruhmwürdigsten Beyspielen darin vorgehen; – in einem Lande, dessen König Maximilian Joseph, der beste Vater seines Volks ist, dessen Königin Karoline, als die allgeliebte Mutter ihres Volks verehrt wird, in deren Beyden Herzen schon längst die Ueberzeugung sich befestigte:
Freyheit hat dem Geiste nie geschadet!
Nur in Fesseln drückt ihn kalte Nacht.
Licht ist Licht! Der blinde Buchstab tödtet,
Und der Geist ist's, der lebendig macht.

Hofkapellmeister im Schatten von Senfl und di Lasso: Ludwig Daser

Neben und zeitlich kurz nach Senfl begegnet Ludwig Daser in der herzoglichen Hofkapelle. Er kam um 1522/26 in der bayerischen Hauptstadt zur Welt. Sein Vater, der Münchner Bürger Achatius Daser, soll ein ehemaliger Mönch gewesen sein; es ist aber nicht überliefert, ob sein Klosteraustritt auf Beeinflussung durch die frühe Reformation zurückzuführen ist. Schon als Kind sang Ludwig Daser in der Hofkapelle, ging dann nach dem Tod Senfls zum Studium an die Ingolstädter Universität, wo er

Die Hofkapelle Herzog Albrechts V. im St. Georgssaal der Neuveste. – Miniatur von Hans Mielich im Psalmenkodex des Orlando di Lasso, 1560.

im Sommer 1542 in der Matrikel nachweisbar ist. Etwa ein Jahrzehnt später finden wir ihn wieder als Sänger und 1552 als Leiter der Hofkapelle.

Daser heiratete in München die Ratsherrentochter Magdalena Haffner, mit der er mehrere Kinder hatte. Die Familie bewohnte zwischen 1564 und 1571 das Haus in der Burgstraße 17.

Schon in seiner Münchner Zeit weisen ihn die Religionsverhöre der Jahre 1569 und 1571 als protestantisch gesinnten Mann aus, der auch das Abendmahl unter beiderlei Gestalt (d. h. mit Brot und Wein) begehrte – ein untrügliches Zeichen seiner Hinneigung zur Reformation. So verwundert es auch nicht, dass er München den Rücken kehrte. Ab Anfang oder spätestens Mitte der 1570er-Jahre ist Daser als Kapellmeister am Württembergischen Hof in Stuttgart nachgewiesen. Dieses Amt versah er bis zu seinem Tod 1589.

Unter Orlando di Lasso, dem Amtsnachfolger von Senfl und Daser in München, erreichte die bayerische Hofkapelle einen europäischen Spitzenrang. Insbesondere seine Motetten erfreuten sich aber auch in der protestantischen Kirchenmusik großer Beliebtheit.

Philipp Melanchthons Schüler in und aus München

Die überragende Bedeutung Melanchthons als Hochschullehrer

Philipp Melanchthon wurde schon zu Lebzeiten als *„praeceptor Germaniae“* („Lehrmeister Deutschlands“) bezeichnet. Dieser Ehrentitel bringt seine Bedeutung auf den Punkt: Der Wittenberger Professor war *der* Humanist und Reformator neben Martin Luther. Diese nüchternen Zuschreibungen lassen seine Bedeutung aber nur erahnen. Als Reformator wird er in der Innen- und Außenwahrnehmung der protestantischen Christenheit wohl immer hinter Luther zurücktreten. Dennoch gehen wesentliche Impulse und Grundtexte der Bewegung auf ihn zurück. Als humanistisch gebildeter Universalgelehrter zählt er ohne Zweifel zu den prägenden Persönlichkeiten der deutschen Geistesgeschichte – und zwar über die Konfessionsgrenzen hinweg. 1518 – im Jahr nach Luthers Thesenveröffentlichung, die als Auftakt zur Reformation ins kollektive Bewusstsein eingegangen ist – wurde der 18-jährige Melanchthon als Griechischprofessor an die kursächsische Universität Wittenberg berufen. Dort entfaltete er bis zu seinem Tod im Jahr 1560 eine ungeheure Tätigkeit als Wissenschaftler und akademischer Lehrer.

Der Erfolg der Wittenberger Universität als der am höchsten frequentieren Hochschule Europas im 16. Jahrhundert ist hauptsächlich das Verdienst Melanchthons. Seine Lehrveranstaltungen wurden bereits in den 1520er-Jahren nachweislich von hunderten Studenten besucht. Er hat schon sehr bald seine Lehrtätigkeit auf weitere Fachgebiete ausgeweitet und dafür auch Lehrbücher verfasst. Das von ihm dargebotene wissenschaftliche Spektrum erstreckte sich von der Altphilologie über die Theologie, Philosophie, Rhetorik, Mathematik, Astronomie, Geschichte und Geographie bis zur Poesie. So deckte er beinahe den gesamten Wissenskanon der damaligen Zeit ab.

In seinem Bemühen um Ausbildung und sittliche Bildung der jungen Menschen entwickelte und erprobte Melanchthon wesentliche pädagogische Grundsätze. So organisierte er den Studienbetrieb an der Wittenberger Universität auch in seiner Funktion als Rektor und Dekan der Philosophischen Fakultät, schrieb Studienpläne, Prüfungsordnungen sowie Zeugnisse und Empfehlungsschreiben für die Absolventen. Auf diese Weise kamen seine Schüler in ihrer jeweiligen Heimat als fürstliche Beamte, Pfarrer oder Lehrer in Dienst, nahmen Melanchthons Lehrbücher mit und gaben ihr Wissen an die nächste Generation weiter.

Münchner Studenten in Wittenberg

Dieser enorme Zulauf von Studenten nach Wittenberg und in die Vorlesungen Melanchthons erklärt sich aus der großen Internationalität der akademischen Hörerschaft. Die jungen Menschen kamen aus den Städten und Ländern, die von der reformatorischen Bewegung erfasst worden waren; andere kamen aber auch aus romtreuen Territorien, weil sie von der Qualität des akademischen Unterrichts in Wittenberg gehört hatten.

Auch aus Bayern kamen zahlreiche Studenten, einige davon stammten sogar aus München. In der Wittenberger Matrikel, d. h. in den Studentenlisten, sind in der Frühzeit von 1502 bis 1517 immerhin 14 Studenten mit dem Herkunftsnachweis „de Monacho“ oder „Monacensis“ erwähnt, darunter auch die bereits an anderer Stelle genannten Augustiner aus dem Münchner Konvent (siehe S. 55f.). Während der Wirkungszeit Melanchthons, also zwischen 1518 und 1560, sind etwa weitere 20 Studenten aus der bayerischen Hauptstadt in der Matrikel verzeichnet. Dabei ist zu bedenken, dass Herkunftsangaben der damaligen Zeit oft auch ungenau sind: Mancher Student ist einfach als „Bavarus“ ohne eine konkrete Ortsangabe eingetragen, der ein oder andere mit der Bezeichnung „Monacensis“ stammt womöglich aus dem oberpfälzischen Waldmünchen – so höchstwahrscheinlich der Melanchthonschüler und spätere Superintendent von Burglengenfeld, Johannes Faber.

Mehr öffentliche Aufmerksamkeit als gewünscht: Der „Fall Seehofer"

Ebenfalls zu den frühen Melanchthonschülern aus München zählte Arsatius Seehofer. Um das Jahr 1505 kam er als Sohn des Gastwirts und Mitglieds des Äußeren Rats von München, Kaspar Seehofer, zur Welt. Die Seehofers und die mit ihnen verwandte Familie Steinauer besaßen zwei Häuser in der Rosengasse (Rosenstraße 5 und 10). Arsatius Seehofer dürfte in einem engen Verwandtschaftsverhältnis zu Sebastian Seehofer und seiner Ehefrau Barbara gestanden haben; wahrscheinlich sind sie dessen Onkel und Tante. An dieses Ehepaar Seehofer erinnert ein ausdrucksvoller Grabstein aus Rotmarmor, der heute in der Westwand der letzten Seitenkapelle im nördlichen Seitenschiff von St. Peter eingelassen ist.

Im Jahr 1518 ging Arsatius zum Studium zunächst an die bayerische Landesuniversität Ingolstadt. 1521 wechselte er dann an die Wittenberger Hochschule, doch fehlt sein Name in der dortigen Matrikel. Das dortige Studium sollte sich für seinen weiteren Lebens- und Glaubensweg als entscheidend erweisen. Seehofer hörte an der Leucorea vor allem Vorlesungen von Philipp Melanchthon und sog dessen theologische Positionen förmlich in sich auf.

Ein Jahr später verließ er Wittenberg wieder und reiste mit Zwischenhalten in Nürnberg und München zurück nach Ingolstadt. Dort erwarb er den Magistergrad und wurde unter die lesenden Magister aufgenommen, was bedeutete, dass er die Berechtigung erhielt, Vorlesungen zu halten. Dieser Schritt war mit einem Eid verbunden, den er infolge des inzwischen scharf-antireformatorischen Kurses der bayerischen Politik leisten musste.

Schon bald nach Aufnahme seiner Lehrtätigkeit wurde ruchbar, dass Seehofer seinen eigenen Ausführungen in Ingolstadt die Mitschriften aus den Vorlesungen Melanchthons zugrunde legte. Er wurde denunziert, legte ein Geständnis ab und kam daraufhin ins Universitätsgefängnis. Parallel dazu wurden seine Habseligkeiten durchsucht und „ain grosse anzall lutterischer büecher" in seinem Besitz gefunden. Aus

Grabmal der Familie Seehofer an der Westwand der letzten Seitenkapelle des nördlichen Seitenschiffes in St. Peter in München, 1551.

seinen Niederschriften und Notizen wurden 17 Artikel zusammengestellt, die er unter Zwang als Irrlehren anerkennen und widerrufen sollte. Anstelle eines öffentlichen Ketzerprozesses versuchten die Universität Ingolstadt und die bayerischen Behörden den Fall möglichst ohne großes Aufsehen abzuwickeln und Seehofer durch Arrest im abgelegenen Kloster Ettal aus dem Verkehr zu ziehen.

Der Widerruf des Arsatius Seehofer

Seehofer musste am 7. September 1523 vor der Universität Ingolstadt widerrufen. In Flugschriften wurden die Artikel, denen er abschwören musste, einer breiteren Öffentlichkeit bekannt gemacht. Der Wortlaut des Widerrufs lautete folgendermaßen: *Ich, Arsatius Seehofer von München, der freien Künste Magister, schwöre auf das heilige Evangelium, das ich in meinen Händen habe, und bekenne mit dieser Schrift, die ich mit meiner eigenen Hand geschrieben habe, und was ich mit meinem eigenen Mund vor euch, Herren Rektor und Räten und der gesamten hohen Schule der löblichen Universität zu Ingolstadt, hiermit lese und ausspreche: Wiewohl ich zuvor mit frevelhafter, falscher, irriger der lutherischen Ketzerei verdächtigt und vielfältig befleckt gewesen bin, dass ich die auf vielerlei Weise, mit Lehren, Schreiben und Verfechten ausgebreitet und entsprechend meinen Fähigkeiten verdeutscht habe, deshalb ich dann in das oben erwähnte, meines Herrn Rektor und der Räte der Universität Gefängnis gekommen bin, und eine Strafe (wie dann dies nach allgemein gültigen Gesetzen den Verfechtern der Ketzereien auferlegt werden soll) verschuldet hätte, habe ich doch bei denselben aus besonderem Befehl und gnädiger Behandlung der durchlauchtigen hochgeborenen Fürsten und Herren, Herren Wilhelm und Herrn Ludwig, Brüder, Pfalzgrafen bei Rhein usw. die Gnade erlangt, dass solche ernstliche Strafe gegen mich fallen gelassen worden ist, also dass ich es jetzund sollte demütig bekennen und widerrufen.* […]

Einer größeren Öffentlichkeit bekannt wurde das Verfahren gegen Seehofer durch eine Reihe von Flugschriften. Die Autorin derselben, die bayerische Adlige Argula von Grumbach, prangerte das unfaire Verfahren gegen Seehofer an; sie forderte die Professoren der Ingolstädter Universität zur Rechenschaft auf und verteidigte Seehofers reformatorische Ansichten. Dies stellte eine ungeheure Provokation dar. Sogar Luther schaltete sich publizistisch in diese Kontroverse ein, was der Angelegenheit weitere Aufmerksamkeit sicherte.

Seehofer selbst blieb ungefähr fünf Jahre in Ettal, bis er fliehen konnte. Zunächst ging er nach Wittenberg, wurde dann 1532 von Luther und Melanchthon als Schulmeister nach Eisfeld empfohlen. Bald wechselte er vorübergehend nach Ulm und später Augsburg, wo er ebenfalls als Lehrer tätig war. Ab der zweiten Hälfte der 1530er-Jahre wirkte er als Pfarrer in den württembergischen Gemeinden Leonberg und Winnenden. Dort starb er etwa Mitte der 1540er-Jahre.

Die Münchner Poetenschule

Ebenfalls aus München stammte Martin Balticus, der 1532 geboren wurde. Als Jugendlicher besuchte er die Münchner Poetenschule unter Hieronymus Ziegler, der sowohl in die protestantische Reichsstadt Augsburg Verbindungen hatte als auch zu dem evangelisch gesinnten Pfarrer Zacharias Weichsner in Bruck an der Ammer (Fürstenfeldbruck). Möglicherweise durch Vermittlung des Letzteren kam Balticus auf das Gymnasium im sächsischen Joachimsthal, das einen überregional guten Ruf besaß. Dort erhielt er bei dem Lutherschüler Johannes Mathesius, der ebenfalls mit Weichsner bekannt war, prägenden Unterricht. Im Sommer 1551 schrieb sich Balticus schließlich in die Matrikel der Wittenberger Universität ein, wo besonders Melanchthon zu seinen Lehrern gehörte.

Zwei Jahre später kehrte er erneut in seine Heimatstadt zurück, war zunächst Lehrer an der Pfarrschule St. Peter und leitete ab 1554 die städtische Poetenschule, die er unter seinem Vorgänger noch als Schüler besucht hatte. Schon bald jedoch geriet er in Verdacht der Verbreitung reformatorischen Gedankenguts. Auch seine Eheschließung mit der Tochter des nachweislich evangelisch gesinnten Münchner Tuchhändlers Wilhelm Hörl konnte diesen Verdacht nur bestätigen. Hörl selbst, seine engere Familie, Hausangestellte und sein weiterer Verwandtenkreis zählten ebenfalls zu den evangelisch gesinnten Einwohnern Münchens in den 1550er- und 1570er-Jahren. Der Tuchhändler besaß von 1549 bis 1571 ein Haus an der Südseite des Haupt- bzw. Schrannenplatzes (Marienplatz 27), wo anscheinend auch die junge Familie des Balticus wohnte.

Im Jahr 1559 wurde – vor allem durch den Einfluss der nun in München tätigen Jesuiten – der Druck auf Balticus so groß, dass er sich letztendlich gezwungen sah, München zu verlassen. Seine Frau Barbara rang zu dieser Zeit gerade mit dem Tod, verweigerte aber die Krankenkommunion *sub una*, d. h. nur den Empfang der Hostie, wie er in der katholischen Kirche praktiziert wurde, und begehrte das Abendmahl unter beiderlei Gestalt, d. h. Brot- und Weinempfang. Dies war ein unzweideutiges Bekenntnis zugunsten der Reformation und wurde ihr deshalb verweigert. Auch verwehrte man ihr in München konsequenterweise das kirchliche Begräbnis. So musste Balticus ihren Leichnam auf der Flucht mit sich führen. Eine kleine Tochter musste er bei Pflegeeltern in München zurücklassen.

Sein Fluchtziel fand Balticus in der evangelischen Reichsstadt Ulm, wo er ab 1560 als Lateinschulrektor wirkte und im Jahr 1600 auch starb. Seine bleibende Bedeutung liegt in seinen Schuldramen und seinen lateinischen Elegien, die ihn als einen bedeutenden Vertreter des Späthumanismus ausweisen.

Über einen etwa zweijährigen Zeitraum Mitte der 1550er-Jahre wirkte neben Balticus der gebürtige Hesse Georg Schwarz (Nigrinus Battimontanus, benannt nach seinem Herkunftsort Battenberg) (1530–1602) an der Münchner Poetenschule. Schwarz hatte zuvor gemeinsam mit Balticus das Joachimsthaler Gymnasium besucht und war dort ebenfalls im reformatorischen Sinne geprägt worden. In seiner Münchner Zeit hat er dann seinen eigenen Schülern die „Loci communes“ des Lutherkollegen Philipp Melanchthon, ein sehr wichtiges und verbreitetes theologische Lehrbuch des Wittenberger Reformators, erläutert. Als dies bekannt wurde, musste Schwarz gehen und konnte – mit einem Empfehlungsschreiben Melanchthons in der Tasche – an der protestantischen Universität Marburg weiter Theologie studieren. Nach Abschluss seines Studiums trat er in hessischen Kirchendienst. Außerdem profilierte er sich als theologischer Schriftsteller. Ab 1580 bis kurz vor seinem Tod wirkte er als Superintendent und gehörte zu den wichtigen evangelischen Kirchenmännern in Hessen.

Der Enkel des wichtigsten bayerischen Politikers in Wittenberg

Auf einen weiteren Studenten, der sich in eine direkte Beziehung zu Melanchthon setzen lässt, ist noch hinzuweisen. In der Literatur sucht man seinen Namen vergeblich; in der Wittenberger Matrikel ist er unter dem 28. November 1558 als „Warmundus de Eck, nobilis bavarus“ aufgeführt. Warmund von Eck entstammt einer prominenten Familie Bayerns. Er war der Sohn des Oswald von Eck (1526–1573), der seinerseits der einzige Sohn des bayerischen Kanzlers Leonhard von Eck (1480–1550) und der Felicitas war. Die Mutter des Oswald Eck, eine geborene von Freyberg, war zuvor schon zweimal verwitwet; ihr zweiter Mann war der berühmte bayerische Humanist und Diplomat Dietrich von Plieningen († 1520). Der Vater des Oswald lenkte unter Herzog Wilhelm IV. die bayerische Verwaltung und Politik. Ihm, dem humanistisch hochgebildeten Juristen, war es ganz wesentlich zu verdanken, dass sich in der Regierungszeit Wilhelms IV. (reg. 1508–1550) Bayern allmählich zum frühabsolutistischen Fürstenstaat sowie zur katholischen Vormacht in Mitteleuropa entwickelte. Eck besaß reichen Grundbesitz in verschiedenen Teilen Bayerns, wo sich auch seine Familie überwiegend aufgehalten haben dürfte. Doch wirkte er in der politischen Schalt-

Stifterepitaph des Oswald von Eck für seine Eltern von Hans Mielich, 1554, früher im Münchner Franziskanerkloster, heute im Diözesanmuseum Freising.

zentrale des Herzogtums, in der die Kanzlei untergebracht war (Alter Hof).

Trotz dieses antireformatorischen Kurses der bayerischen Religionspolitik ließ die humanistische Gesinnung Ecks offenbar eine Korrespondenz mit dem Wittenberger Reformator Melanchthon über gelehrte Buchprojekte und wissenschaftliche Themen zu. Hierin zeigt sich exemplarisch, wie gut vernetzt über politische und religiöse Grenzen hinweg die Humanisten des 16. Jahrhunderts waren. Diese Hochschätzung humanistischer Bildung veranlasste Leonhard von Eck auch, im Jahr 1533 seinen Sohn Oswald vom bayerischen Geschichtsschreiber und Humanisten Johannes Thurmair, gen. Aventin (1477–1534), unterrichten zu lassen. Dies ist umso erstaunlicher als Aventin in seinen letzten Lebensjahren aufgrund der immer wieder geäußerten Kirchenkritik in seinen Schriften und mehrfacher Kontakte zu Melanchthon und sogar zu Luther als Sympathisant der Reformation galt. Über diesen Einfluss erklärt sich auch, weshalb Oswald von Eck nach einer Auskunft des Augsburger Humanisten Hieronymus Wolf aus den späten 1550er-Jahren evangelisch gesinnt war.

Noch 1554 hatte Oswald seinem vier Jahre zuvor verstorbenen Vater und seiner Mutter durch den berühmten Künstler Hans Mielich ein sehr repräsentatives Votivbild malen lassen, das sich bis Anfang des 19. Jahrhunderts in der Münchner Franziskanerklosterkirche befand und heute im Freisinger Diözesanmuseum zu sehen ist. Er hatte vom Vater die Liebe zu humanistischer Gelehrsamkeit geerbt, konnte aber den umfangreichen Familienbesitz nicht zusammenhalten. Noch 1568 bis 1570 ist er gemeinsam mit seiner Frau Anna von Pienzenau als Hausbesitzer in der Vorderen Schwabinger Gasse nachweisbar (Residenzstraße 1); die gesamte Häuserzeile wurde zu Beginn des 17. Jahrhunderts zugunsten des Residenzneubaus unter Maximilian I. abgerissen. Oswald von Eck siedelte in seinen letzten Lebensjahren in die evangelische Reichsstadt Regensburg über und starb 1573 in Kelheim.

In dem oben bereits erwähnten, an Philipp Melanchthon gerichteten Brief aus dem Jahr 1558 empfahl der Augsburger Humanist Hieronymus Wolf den Sohn des Oswald von Eck, den er in diesem Zusammenhang als gelehrten, klugen und frommen Mann (*„vir doctus, prudens et pius“*) bezeichnet. Wolf berichtet an Melanchthon weiter, dass Oswald von Eck seinen Sohn mit einem Privatlehrer und einem Diener nach Wittenberg schicken wolle, „damit dieser sich einmal rühmen könne, Melanchthon gesehen und gehört zu haben“ (*„ut is olim gloriari possit, se Melanthonem et vidisse et audivisse“*). Tatsächlich findet sich nach dem Eintrag des Warmund von Eck in der Wittenberger Matrikel auch der Name seines Dieners (*„minister ipsius“*), Christoph Agricola aus Ingolstadt, von dem sonst allerdings nichts bekannt ist.

Weitere Melanchthonschüler aus München prägen reformatorische Kirchen

Für viele der in den Studentenverzeichnissen des 16. Jahrhunderts genannten Namen lassen sich keine weiteren biografischen Angaben machen; ihre Lebensumstände bleiben aus Mangel an Quellen unbekannt. So verhält es sich auch mit den meisten der aus München stammenden Wittenberger Studenten aus dieser Zeit. Außer den bereits genannten, die sozusagen zur Prominenz gehören, lassen sich noch zwei weitere Melanchthonschüler aus München im Kirchendienst nachweisen. So sicher die Herkunft beider belegt ist, so ungewiss lassen sich Aussagen darüber machen, wie und weshalb sie als Untertanen des bayerischen Herzogs ausgerechnet nach Wittenberg zum Studium kamen.

In einem Fall ist es eine zufällige Notiz im Kammerbuch der Stadt München von 1573 über die Zahlung einer Nachsteuer: Bei dieser Gelegenheit wird erwähnt, dass ein Kaspar Hag „eines Zyngiessers sun in der Rosengasse" und „deren von Ulm predicant" sei. Mit diesen Informationen lässt sich ein Zinngießer namens Wolfgang Hag(en) zwischen 1546 und 1559 als Bewohner bzw. Mieter des Hauses am Roseneck (heute: Marienplatz 28/29) als Vater identifizieren. Dort ist der spätere evangelische Prediger wahrscheinlich auch aufgewachsen. Gemeinsam mit einem weiteren aus München stammenden Kommilitonen, Kaspar Herzog, schrieb sich Hag am 7. Oktober 1557 in die Wittenberger Universitätsmatrikel ein. Leider lassen sich die weiteren Lebensstationen nur vage rekonstruieren, da die verschiedenen Informationen sich nicht zu einem geschlossenen Lebensbild zusammenfügen wollen.

Erst zwölf Jahre später – 1569 – taucht der Name „Caspar Hagius Monacensis" dann in der Tübinger Matrikel auf, was eine ungewöhnlich lange Studiendauer voraussetzen würde. Im Sommer 1573 tritt ein „Caspar Hagius von München, Ulmensium alumnus" seine Predigerstelle in Göttingen an, was nur schwer mit dem fast gleichzeitigen Eintrag im Münchner Kammerbuch vereinbar ist. Jener Göttinger Prediger wechselte 1577 auf die im Ulmer Landgebiet gelegene Pfarrstelle in Altheim; 1589 soll er sich „bei 40 Jahr" das Leben genommen haben, wozu allerdings das Wittenberger Immatrikulationsjahr 1557 nicht recht passen will. Ob vielleicht ein weiterer Kaspar Hag, der nachweislich zwischen 1558 und seinem Tod 1582 in den zum reichstädtischen Territorium Ulms gehörenden Landgemeinden Öllingen und Unterböhringen als Pfarrer wirkte, mit dem aus München stammenden Melanchthonschüler identisch ist, wird sich nicht mit Bestimmtheit bestätigen oder ausschließen lassen.

Durch ein aussagekräftiges Selbstzeugnis lässt sich der äußere Lebensweg eines weiteren Melanchthonschülers etwas genauer rekonstruieren. Im Jahr 1537 kam Zacharias Ziegler in München zur Welt. Über seine Kindheit, seine Schulbildung und sein Elternhaus ist nichts bekannt, quellenmäßig greifbar wird er erst mit seiner Immatrikulation an der Wittenberger Universität im März 1558. Doch scheint er laut seiner Selbstaussage von 1611 bereits als Jugendlicher seine Heimatstadt München verlassen zu haben („vor 60 Jahren in fremden Landen zur h. evangelischen Lehr wunderbarlich kommen"). Nach kurzen Aufenthalten an weiteren Orten fasste er 1565 im Kirchendienst des Ansbacher Markgrafen Fuß. Im genannten Jahr wird er nach dem Tod des letzten romtreuen Pfarrers erster evangelischer Pfarrer im mittelfränkischen Königshofen, wechselt dann 1577/78 in das benachbarte Ehingen am Fuß des Hesselbergs und wird 1589 Pfarrer und Dekan in Wassertrüdingen, wo er bis zu seinem Tod 1616 wirkt.

Die große Menge der Studenten aus vielen Teilen Deutschlands und Europas, die in den Lehrveranstaltungen des Wittenberger Universalgelehrten Philipp Melanchthon saßen, ist ein eindrucksvoller Beleg für den Bildungshunger und für die Mobilität vieler Menschen im 16. Jahrhundert. Auch nach Melanchthons Tod 1560 blieben bis zur Jahrhundertwende die Wittenberger Studentenzahlen konstant auf hohem Niveau, aber das Herkunftsprofil der Studenten veränderte sich deutlich. So begegnen auch nur noch ganz wenige Studenten aus Bayern und aus München in der Matrikel der Leucorea. Dies war sowohl der Verfestigung der konfessionellen Grenzen geschuldet als auch Folge einer zunehmenden Instrumentalisierung von Bildung zum Zweck des Ausbaus fürstlicher Macht. Die Territorialfürsten gründeten oder reorganisierten ihre eigenen höheren Lehranstalten, an denen sie zunehmend das Lehrangebot und Lehrpersonal kontrollierten; so konnten sie auf ihren Nachwuchs für Staats- und Kirchenämter verstärkt einwirken.

Epitaph der Familie des Zacharias Ziegler, 1616, mit Darstellung von Kreuzigung und Auferstehung in der St. Johanniskapelle im mittelfränkischen Wassertrüdingen.

Der Falkenturm oder: Gefängnis für Staatsfeinde und Protestanten

Politische Frontstellung Bayerns gegen den Protestantismus

Heute erinnert nur noch die Falkenturmstraße an den gleichnamigen Turm, der etwa bei deren Einmündung in die Maximilianstraße zu lokalisieren ist (Maximilianstraße 8). Dieser Turm war Teil der ab dem 14. Jahrhundert errichteten zweiten Stadtbefestigung und diente als Flankenschutz für das nahe gelegene Kost- und das Wurzertor. Seinen Namen erhielt er vermutlich, weil er in seiner Frühzeit als Magazinraum für die Utensilien zur herzoglichen Falkenjagd genutzt wurde. Schon bald ist der Turm wegen seiner Nähe zum Alten Hof – der Zentrale der herzoglichen Verwaltung und Justiz im späten Mittelalter und in der frühen Neuzeit – als zentrales Staatsgefängnis genutzt worden. Im Zuge der Vervollständigung der Neubauten entlang der Maximilianstraße wurde er etwa 1864 abgerissen.

Schon frühzeitig erließen die bayerischen Herzöge ein Religionsmandat (5. März 1522), mit dem der strikt antireformatorische Kurs der bayerischen Politik eingeleitet wurde. Dieses Mandat reagierte auf den im Januar 1521 gegen Luther verhängten Kirchenbann und das anschließend vom Kaiser gegen ihn verhängte Wormser Edikt vom Mai des Jahres. Dieser bis zur Jahrhundertmitte wesentlich von den Herzögen Wilhelm IV. und Ludwig X. sowie dem Kanzler Leonhard von Eck bestimmte religionspolitische Kurs wurde mit den folgenden Mandaten der Jahre 1524 und 1531 weiter eingeschärft. Die Obrigkeit machte damit auch für das Gewissen der Untertanen und ihre religiöse Ausrichtung konkrete Vorgaben, denn die Einheit im Glauben und die allgemeine „Rechtgläubigkeit" – d. h. Katholizität im *vor*konfessionellen Sinne – galten als entscheidende Voraussetzungen für das gesellschaftliche Miteinander und das Wohl des Staates. Wer immer von diesen von der Obrigkeit und

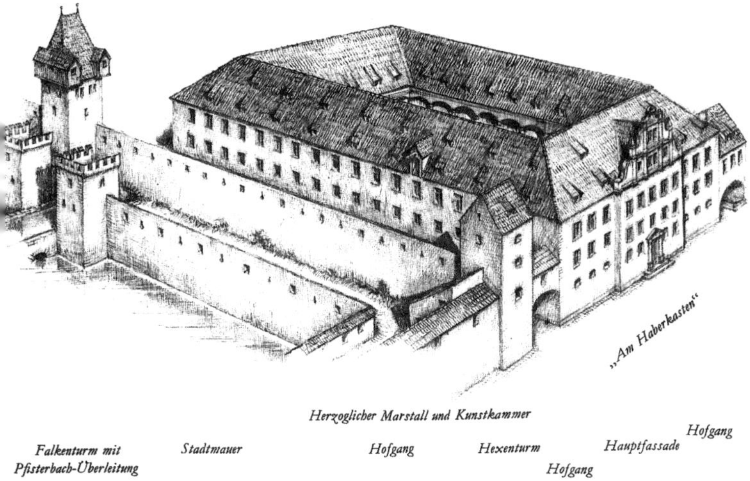

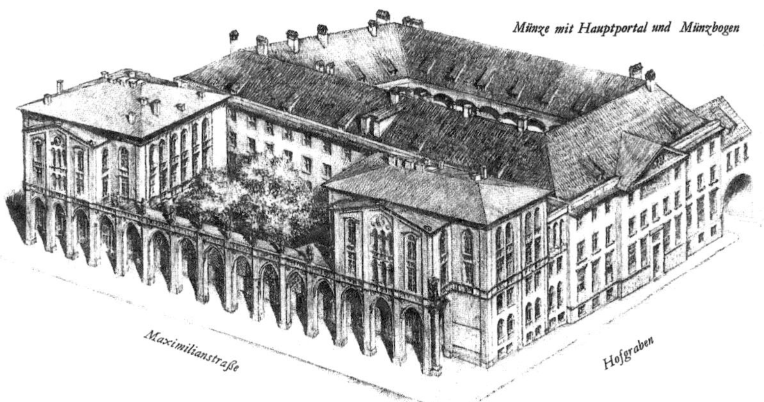

Der Standort des Falkenturms im Vergleich mit der heutigen Bebauung der Maximilianstraße.

der kirchlichen Tradition vorgegebenen Glaubensinhalten abwich, wurde so schnell zum Staatsfeind.

Die in München auftretenden Anhänger der frühen reformatorischen Bewegung wurden folglich nicht nur von kirchlichen Stellen, sondern auch von der herzoglichen Obrigkeit verfolgt. Ebenso erging es den Anhängern der zweiten Welle reformatorischer Gesinnung in Bayern in den 1550er- bis 1570er-Jahren. Diese Strömung wurde und wird in der Literatur oft mit dem Begriff „Kelchbewegung" bezeichnet, denn die Forderung nach dem Kelch beim Abendmahl war ein zentrales, weil sichtbares und für das religiöse Erleben des Einzelnen wichtiges Anliegen der Reformation. Die Kelchforderung wich freilich von dem im Hochmittelalter im Zusammenhang mit der Transsubstantiationslehre ausgebildeten Brauch ab, wonach an die Gemeinde lediglich die Hostie verteilt wurde. Diese zweite reformatorische Welle bzw. die „Kelchbewegung" im Herzogtum Bayern ist – sicherlich nicht zufällig – schon durch Justiz und Verwaltung unter Herzog Albrecht V. (reg. 1550–1579) in politischen Kategorien bewertet worden (siehe auch S. 101–103). Hinter den religiösen Motiven der aus dem hohen bayerischen Adel stammenden Protagonisten sah das Haus Wittelsbach eine Adelsverschwörung gegen die Dynastie am Werk.

Der Falkenturm: Symbol für die Verfolgung der Protestanten

Der Falkenturm war sozusagen der Umschlagplatz für die durch die bayerische Justiz als Staatsfeinde überführten Sympathisanten der Reformation. Wer nicht ausgewiesen oder hingerichtet wurde, landete dort, und wer den Turm wieder verließ, wurde nicht selten ausgewiesen oder hingerichtet.

Ein früher Insasse war Luthers junger Ordensbruder Leonhard Reiff (auch Bavarus oder Bayer/Beyer genannt; zu ihm vgl. ausführlich auch oben S. 63–65) aus München. Weil ihm Verbreitung reformatorischen Gedankenguts zur Last gelegt wurde, saß er vom Frühjahr 1522 bis zur Jahreswende 1524/25 dort in

Haft. Die Zeit der Gefangenschaft erlebte er als traumatisierend, wovon später in Luthers Tischgesprächen erzählt wurde.

Verzweiflung als Gefangener

Leonhard Reiff verbüßte im Münchner Falkenturm eine etwa zweieinhalb Jahre dauernde Kerkerhaft. In späteren Jahren berichtete er über die schweren Anfechtungen während seiner Gefangenschaft, die ihn fast in den Selbstmord getrieben hatten.

Also quälte mich in meiner Gefangenschaft der Teufel, dass, wenn ich ein Messer in die Hand nahm, lachte sein Herz und er sagte: „Ey, erstich dich!", so dass ich öfters gezwungen war, das Messer von mir wegzuwerfen. Und sooft ich einen Faden gesehen habe, hob ich ihn auf, dass ich einen Strick zusammensammelte, mich damit aufzuhängen. Ich war aber nicht in der Lage, das Vaterunser oder die geläufigsten Psalmen zu beten.

Im Jahr 1524 wurde der vormalige Trompeter und Komponist der Münchner Hofkapelle, Erhard Gugler, in den Falkenturm geworfen. Bereits seine Entlassung aus dem Hofdienst war auf abweichende religiöse Vorstellungen zurückzuführen, die er geäußert hatte. Nicht ganz klar wird, ob er wirklich „lutherisch" war oder Anhänger einer radikalen Gruppierung im Windschatten der reformatorischen Bewegung. Seine Qualifizierung als Luther-Anhänger in den Quellen zu seinem Verfahren erklärt sich jedenfalls aus der damaligen Rechtslage, denn seit dem Wormser Edikt war „lutherisch" gleichbedeutend mit „ketzerisch"; eine Binnendifferenzierung, welche ‚Ketzerei' jemand vertrat, wurde nicht vorgenommen. Nach der Haftentlassung, die auf Fürsprache seiner Familie und Freunde gewährt wurde, musste Gugler am 18. Februar 1525 Urfehde schwören, d. h. ein Gelöbnis abgeben, und wurde auf Lebenszeit des Landes verwiesen.

Beinahe gleichzeitig mit Gugler bekam ein anderer Münchner die unschönen Haftbedingungen im Falkenturm zu spüren. Es handelte sich um den Patrizier Bernhard Dichtel (in den Quellen

Grabplatte des Stiftsherrn Franz Dichtel († 1520) im Zugang zur nördlichen Turmkapelle der Münchner Frauenkirche.

häufig auch: Tichtl). Er war das Haupt einer im Fernhandel tätigen Familie und hatte gute Beziehungen zum Herzog geknüpft. Ein Bruder des Bernhard war der 1520 verstorbene Stiftsherr an der Münchner Frauenkirche, Franz Dichtel. Bernhard selbst erhielt noch 1524 die Position eines herzoglichen Pflegers von Starnberg. Als Kaufmann unterhielt er enge Kontakte nach Nürnberg, namentlich mit Hieronymus Baumgartner (1498–1565). Dieser hatte bei Luther und vor allem Melanchthon in Wittenberg studiert und betrieb als Ratsherr federführend die Einführung und Etablierung der Reformation in der fränkischen Reichsstadt. Baumgartner hatte sich zunächst als künftige Ehefrau Katharina von Bora erwählt, die seine Zuneigung auch erwiderte, doch hintertrieb seine Familie die Verbindung mit der entlaufenen Nonne aus verarmtem sächsischen Adel. Stattdessen heiratete Katharina im Juni 1525 Martin Luther und Baumgartner im Januar 1526 Dichtels Tochter Sibylla. Diese hat vermutlich ihre Kindheit auch in dem seit dem 15. Jahrhundert im Familienbesitz der Dichtel befindlichen Haus am Rindermarkt 2 verbracht. Sibylla gehört sogar zu den Korrespondenzpartnerinnen Martin Luthers.

Brief Luthers an Sibylla Baumgartner

Luther schrieb an die aus München stammende Sibylla Baumgartner, geb. Dichtel, wegen der Gefangennahme ihres Ehemannes in einer Fehdesache im Jahr 1544 einen Trostbrief, der das seelsorgerliche Einfühlungsvermögen des Reformators eindrucksvoll vor Augen führt:

Gnade und Friede in unserm Heiland und Herrn Jesu Christo!

Erbare, tugendsame, liebe Frau! Wie ist mir eure Traurigkeit und euer Unglück so herzlich leid, das weiß Gott, der mein Seufzen sieht und hört.

Ja, es ist jedermann von Herzen leid um den teuren, frommen Mann, dass er so böswillig soll in der Feinde Hände sein. Gott erhöre unser Gebet und aller frommen Herzen. Denn es ist gewiss, dass alle frommen Herzen ganz sehnlich für ihn bitten und ist gewiss solches Gebet erhöret und angenehm vor Gott. Bis dahin müssen wir uns trösten mit der göttlichen Zusage, dass er

die Seinen nicht verlassen, noch vergessen will, wie davon der Psalter Zeugnis gibt.
Denn wir wissen, dass euer Hausherr ein rechtschaffener Mann ist im Glauben an Christus, denselben zuverlässig bekennt und mit viel schönen Früchten ehrt. Darum ist es unmöglich, dass der liebe Gott sollte ihn von sich verworfen haben. Sondern wie er ihn durch sein heiliges Wort zu sich und in seinen Gnadenschoß berufen und angenommen hat, so behält er ihn noch immer fort in demselben Schoß und wird ihn ewiglich behalten. [...]
So ist es auch noch nicht mit unserm Leiden so hoch und bitter, wie seines lieben Sohnes und seiner lieben Mutter Leiden gewesen ist, durch welches wir uns in unserm Leiden trösten und stärken sollen [1 Petrusbrief 3, 18]. *Wenn sich auch der Teufel und die Seinen unseres Unglücks freuen, dafür werden sie abscheulich genug heulen müssen und aus der kurzen Freude ein langes Trauern machen. Wir aber haben den herrlichen, großen Gewinn, dass uns Gott gnädig und günstig ist mit allen Engeln und Creaturen.*
Darum kann uns kein Unglück dieses Lebens an der Seele schaden, sondern viel mehr uns nützlich sein muss [Römerbrief 8, 28]. *Nach dem Leibe tut es weh und soll auch und muss weh tun, sonst wären wir nicht rechte Christen, die mit Christo nicht litten und mit den Leidenden kein Mitleid hätten.*
Darum, meine liebe Frau, leidet und habt Geduld! Denn ihr leidet nicht alleine, sondern habt viele, viele gewichtige, treue, fromme Herzen, die großes Mitleid mit euch haben, die alle zusammen nach dem Spruch [Matthäus 25, 36] *sich halten. Ja freilich, in großer Anzahl besuchen wir den frommen, lieben Baumgartner in seinem Gefängnis, das bedeutet, wir besuchen den Herrn Christus selbst, der in seinem treuen Anhänger gefangen liegt. Wir bitten und rufen, dass er ihm wolle heraushelfen und euch mit uns allen erfreuen.*
Der selbe Herr Jesus, der uns heisst untereinander trösten und der uns auch tröstet durch sein heiliges Wort, der tröste und stärke euer Herz durch seinen Geist in fester Geduld bis zum seligen Ende dieses und allen Unglücks. Dem sei Lob und Ehre zusammen mit dem Vater und dem heiligen Geist in Ewigkeit, Amen. Dienstag nach Visitationis Marie, 1544.

Martinus Luther D.

Bernhard Dichtel hatte nicht nur geschäftliche und familiäre Beziehungen zu Nürnberg – vielmehr kamen er und sein Hausstand auch mit Luthers reformatorischem Gedankengut früh in Kontakt. Er las offenbar die Schriften des Wittenberger Reformators und diskutierte sogar in der Öffentlichkeit darüber. Gegen Ende des Jahres 1524 befand er sich auf einer Reise nach Nürnberg und nahm in einem Gasthof bei Pfaffenhofen Quartier. In der Wirtsstube traf er auf den Ingolstädter Juraprofessor Franz Burkhard (1482–1539), der neben dem Theologen Johannes Eck und dem Kanzler Leonhard von Eck zu den Wegbereitern der antireformatorischen Religionspolitik Bayerns gehörte.

Die Unterhaltung der beiden drehte sich auch bald um dieses heikle Thema. Schnell kamen die unterschiedlichen Positionen zur Sprache und Dichtel verstieg sich in seinem Eifer in gewagte Äußerungen. Als die Rede auf einen 1523 aus Glaubensgründen in München hingerichteten Mann kam, eskalierte die Unterhaltung: Der Juraprofessor Burkhard brüstete sich damit, die Verhängung der Todesstrafe gegen den Mann veranlasst zu haben, und äußerte an Dichtel gerichtet den Vorwurf, auch dieser sei lutherisch. Der so Beschuldigte brachte daraufhin seine Abscheu über Burkhards Verhalten zum Ausdruck und machte eine Anspielung, die jener als Drohung verstehen konnte. Letzterer erstattete wenig später bei den bayerischen Behörden Anzeige gegen Ersteren.

Dichtel wurde verhaftet und verbrachte zu Beginn des Jahres 1525 zweieinhalb Wochen im Falkenturm in München. Die Haftbedingungen und Androhung weiterer Strafen ließen ihn vollständig abschwören. Nach Leistung der Urfehde und Zahlung eines hohen Bußgeldes wurde er schließlich in die Freiheit entlassen.

Um 1550 sind Bernhard Dichtels Witwe Luzia und seine Söhne als Besitzer des Hauses am Rindermarkt 2 genannt, was bedeutet, dass er selbst wahrscheinlich kurz zuvor gestorben ist.

Die bayerische Religionspolitik als Vehikel für die Stärkung der Fürstenmacht

Verstärkt wieder ab den späten 1550er-Jahren – im Zuge der Verschärfung der Religionspolitik unter Herzog Albrecht V. – wird der Falkenturm zum Schauplatz konfessionspolitisch motivierter Verfahren gegen bayerische Untertanen. Hierbei ist vor allem an zwei Gruppen von Verdächtigen zu erinnern.

Zum einen handelt es sich um eine Reihe von Predigern, die im Landgericht Aibling und in der Herrschaft (Hohen-)Waldeck tätig gewesen waren. Ihr Wirken im Sinne der reformatorischen Lehre wurde gedeckt durch Wolf-Dietrich von Maxlrain. Dieser hatte versucht, in seinem reichsunmittelbaren Zwergstaat in den bayerischen Voralpen (im heutigen Landkreis Miesbach) die Reformation einzuführen. Die Ambitionen der Wittelsbacher auf dieses kleine Territorium waren gepaart mit dem bayerischen Bemühen um Eindämmung der evangelischen Bewegung dort, die auch für die benachbarten Untertanen des Wittelsbacher Herzogs attraktiv wurde. Während der rechtliche und politische Handlungsspielraum des Maxlrainers sehr begrenzt war, gelang es Herzog Albrecht und der bayerischen Regierung, ein Vertragswerk auf den Weg zu bringen, das Wolf-Dietrich zwar die Reichsunmittelbarkeit seines Hohenwaldecker Gebietes garantierte, aber ihn zugleich auf die Rücknahme reformatorischer Zugeständnisse verpflichtete. Im Ergebnis konnte Bayern den Ausbau eines evangelischen Kirchenwesens verhindern und – mit teils fadenscheinigen Rechtsmitteln – die führenden Köpfe ausschalten.

Auf diese Weise wurde bereits 1555/56 gegen den Pfarrer von Au, David Preu, vorgegangen: Man zitierte ihn nach München, verhörte ihn im Falkenturm und ließ ihn nach seinem Widerruf ziehen. Im Mai 1558 folgten dann der Irschenberger Pfarrer Leonhard Hagen und sein Sohn Christoph; bald darauf Arsatius Preu, Nachfolger des David Preu als Pfarrer in Au, und ebenso die dortigen Kooperatoren Kaspar Esterer sowie Martin Stadelberger. Im selben Jahr wurde auch der Geinberger Pfarrer Balthasar Steub verhaftet und im Falkenturm eingesperrt. Zwei Bauern, Hans Hafner und Martin Schiefereckher, hatten ihn noch als Vikar in Götting evangelisch predigen gehört. Auch ihre belastenden Aussagen erfolgten im Falkenturm.

Wie weit gestreut evangelisches Gedankengut damals im bayerischen Voralpengebiet war, zeigt die ebenfalls im Sommer 1558 erfolgte Verhaftung des Rosenheimer Prädikanten Wolfgang Meierbeck (Muerpeckh). Er wurde ebenfalls in den Münchner Falkenturm gebracht und dort verhört. Auch das weitere Schicksal dieser Männer glich sich: Die Prediger wurden des Landes verwiesen, die beiden Bauern wanderten unter dem Eindruck der Repressionen aus. Fast alle fanden ihre neue Heimat im Württembergischen, wo die reformatorische Lehre bereits ab 1534 Eingang gefunden hatte.

Die Vorgänge um die genannten Prediger und Bauern, die im Schutz der evangelischen Gesinnung des Wolf-Dietrich von Maxlrain im Voralpengebiet gewirkt hatten, warfen ihre Schatten auf die in den folgenden Jahren stattfindenden Auseinandersetzungen Albrechts V. und seiner Regierung mit Angehörigen des bayerischen Adels. Ein Dorn im Auge des Herzogs waren vor allem die reichsunmittelbaren Gebiete der Grafen von Haag und von Ortenburg. Beide Regenten – Ladislaus von Haag und Joachim von Ortenburg – waren gewillt, in ihren Territorien die reformatorische Predigt zuzulassen. Die Beiden waren aber zugleich mit weiteren Besitzungen und Funktionen Teil des landsässigen bayerischen Adels. Auch einige Vertreter dieser Gruppe von Adligen liebäugelten unverhohlen mit der Reformation. Ihre vom offiziellen Kurs des Landesherrn abweichende religiöse Gesinnung verband sich mit einem starken ständischen Selbstbewusstsein. Bestimmte Freiheiten und Rechte konnte der bayerische Adel dem Herzog in der ersten Hälfte des 16. Jahrhunderts vertraglich abtrotzen.

Die Mischung von ständischer und religiöser Opposition gegen die Wittelsbacher führte zu Beginn der 1560er-Jahre zu einer eindrucksvollen Machtdemonstration Albrechts V.: In einem undurchsichtigen Verfahren wurden die führenden Köpfe des protestantisch gesinnten Adels im Herzogtum ausgeschaltet und mit Verschwörungsvorwürfen konfrontiert. Die prominentesten Vertreter der betroffenen Gruppe waren Graf Joachim von Ortenburg und Pankraz von Freyberg. Obwohl Ortenburg auch bayeri-

Porträt des Pankraz von Freyberg (1508–1565).

scher Landsasse war, konnte man gegen ihn als Reichsstand nur bedingt vorgehen. Freyberg dagegen, der als Hofmarschall eine Vertrauensstellung an Albrechts Hof besaß, bekam die Härte der fürstlichen Ungnade am massivsten zu spüren, da er als Grundherr in den Konflikt zwischen Regent und Ständen persönlich involviert war. Außerdem war seine evangelische Gesinnung schon bei Hof bekannt. Nach dem Fund angeblich kompromittierender Briefe mit politischem Inhalt im Jahr 1561 ging die herzogliche Regierung Schritt für Schritt gegen Ortenburg und vor allem gegen den landsässigen Adel vor. Der Höhepunkt der Strafaktion war Ende 1564 die Festsetzung von Pankraz von Freyberg (1508–1565), Achaz von Laimingen (gest. 1568), Matthias von Pelkofer zu Wang, Hans Christoph von Paumgarten und Josef Fröschl von Marzoll im Falkenturm zu München.

Mitte August 1564 unterschrieben vier der Verhafteten eine Erklärung, in der sie sich dem Herzog nahezu bedingungslos unterwarfen. Einzig Freyberg wollte und konnte diesen demütigenden Schritt nicht vollziehen. Seine Haft wurde verlängert und verschärft, bis endlich im November durch beharrliche Intervention Dritter ein Weg gefunden wurde, ihm die Unterschrift unter eine abgeschwächte Fassung der Erklärung abzuringen. Der schon schwerkranke Freyberg starb Ende des folgenden Jahres auf seinem Besitz Hohenaschau.

Das „Bekenntnis" des bayerischen Hofmarschalls

In einem vertraulichen Brief vom 27. April 1561 schreibt Pankraz von Freyberg an Graf Joachim von Ortenburg:

[...] *Was nun Gott der Herr aus diesem unvorhergesehenen Auftakt weiter bringt, wird die Zeit erweisen. Ich bin fleißig beim Lesen und Schreiben, erarbeite zur Widerlegung der mir übergebenen Schriften meine Antwort, freilich nicht aus mir selbst, sondern aus der heiligen und göttlichen Schrift, soweit Gott mir Gnade dazu verleiht. Darin bekenne ich Christus als meinen Herrn, auf dass er mich vor Gott, seinem himmlischen Vater, anerkenne. Ich decke meinem frommen Fürsten* [= Herzog Albrecht V. von Bayern] *auf, wo die katholische* [d. h. die wahre] *Kirche ist, wo des Antichrists Reich und Stuhl ist, was ein christlicher Fürst seines Amtes halber schuldig ist, ermahne und rate, zum Wort Gottes von der päpstlichen Korruption abzuweichen, Gottes Zorn und Ungnade zu vermeiden. Ich will darüber abwarten, was Gottes Willen ist. Möchte der liebe Gott etwas bewirken und meinem frommen Fürsten seine Augen und sein Herzen in wahrer Er-*

kenntnis seines heiligen Wortes erleuchten, so sei ihm Lob und Preis. Soll es aber nicht sein, so habe ich auf die mir gegebene Ursache als ein verpflichteter getreuer Rat, Diener und Landsasse das Meine getan. Gott der Allmächtige gebe seinen Segen und seine Gnade. Wenn ich aber im Falkenturm aufstehen werde, so bitte ich Euer Gnaden als meinen gnädigen Herrn, auf den ich vollständig mein zeitliches Vertrauen setze, sie wolle an mich denken und für mich bitten. Denn, Gott Lob, ich mag recht leiden und dulden. Die Gewalt kann ich nicht abwehren; ich denke aber doch, der fromme Fürst [Herzog Albrecht V. von Bayern] *werde zu einem besseren Ergebnis kommen.* [...]

Neben diesen prominenten Häftlingen der frühen Reformationszeit und der Jahrhundertmitte sahen weitere evangelisch gesinnte Münchner Bürger im Zusammenhang mit den großen Religionsverhören der Jahre 1569 und 1571 den Falkenturm von innen. Allerdings deutet dort, wo heute Münchens vornehmste Einkaufsmeile verläuft, nichts mehr darauf hin, dass an dieser Stelle im 16. Jahrhundert das Rückgrat des bayerischen Protestantismus gebrochen wurde.

Die maximilianeische Residenz oder: Evangelisch im Zentrum der Macht

Steingewordener Machtanspruch des Hauses Wittelsbach

Die Münchner Residenz zählt zu den größten Schlossanlagen Europas. Der heutige Baukomplex umschließt sieben Innenhöfe und dient teils als Verwaltungsbau, teils als Raumkunstmuseum. Darin werden originale Ausstattungs- und Inventarstücke aus mehreren Jahrhunderten, die während des Zweiten Weltkrieges ausgebaut und -gelagert wurden, museal präsentiert. Dieses Nutzungskonzept resultiert auch aus dem Umstand der schweren Kriegszerstörungen des Baukörpers der Residenz zwischen 1943 und 1945.

An der weitläufigen Anlage der Residenz ist über Jahrhunderte hinweg gebaut worden. Auf der Fläche des Apothekenhofes stand einst die herzogliche Neuveste, die im späten 14. Jahrhundert an der Nordostecke der Stadtbefestigung entstand, nachdem die Wittelsbacher ihre bisherige Stadtresidenz (Alter Hof) aufgegeben hatten. Im Zeitraum von der Mitte des 16. bis in die Mitte des 18. Jahrhunderts wurde dann die Neuveste allmählich durch die heutige Residenz ersetzt.

Die frühen Bauperioden der Residenz fallen in die Regierungszeiten der Herzöge Albrecht V. (ab 1550), Wilhelm V. (ab 1579) und Maximilian (ab 1597/98). Nach dem Antiquarium, einem bemerkenswerten Renaissanceraum, der die Keimzelle des Residenzkomplexes bildet, wurden in knapp 100 Jahren Grottenhof, Kapellenhof, Brunnenhof und Kaiserhof ergänzt. Nicht nur die schweren Zerstörungen durch Bomben im Zweiten Weltkrieg haben 1943 bis 1945 das Erscheinungsbild der Residenz verändert, schon Brände in den Jahren 1674/79, 1729 und 1750 haben zahlreiche Kunst- und Ausstattungsgegenstände vernichtet und zu Umbauten Anlass gegeben.

Die Schaufassaden der Residenz unter Maximilian waren nach Norden (heute nicht mehr erhalten) und Westen gerichtet. Letztere Fassade trägt ihr wiederhergestelltes Gesicht aus der maximilianeischen Zeit (Residenzstraße 1). Die Achsen dieser auf das Jahr 1616 datierten Repräsentationsfassade sind klar gegliedert: In ihrer Mitte thront in einer großen Marmornische die Madonna von Hans Krumper als „Patrona Boiariae“, unter ihr eine Ampel für das Ewige Licht, über ihr eine lateinische Weiheinschrift, die zu Deutsch heißt: „Unter Deinen Schutz fliehen wir, unter dem wir sicher und froh leben.“ Auf beiden Seiten der Madonna erstreckt sich die Fassade mit zwei monumentalen Portalen, so dass sich auch heute noch eine feierliche Symmetrie ergibt.

Dieser Teil der Residenzanlage ist – trotz der Verfremdungen durch Zerstörung und Wiederaufbau – Schauplatz historischer Ereignisse geworden, die mit dem Protestantismus in München zu tun haben.

Der Bauherr der Anlage, Herzog Maximilian, hat bei der Ausführung dieses repräsentativen Schlosses den Führungsanspruch seiner Dynastie zum Ausdruck bringen wollen. Nicht nur waren die Wittelsbacher zu Beginn des 17. Jahrhunderts die vorherrschende katholische Macht in Mitteleuropa. Der ehrgeizige Herzog war auch der maßgebliche Initiator der Katholischen Liga, eines 1609 gegründeten Militärbündnisses zur Wahrung der Interessen des politischen Katholizismus im Reich. Der im Dienste Maximilians stehende Feldherr Johann Tserclaes Graf von Tilly besiegte 1620 die böhmisch-pfälzischen Truppen am Weißen Berg bei Prag. Der Lohn für den Bayernherzog bestand in der Übertragung der pfälzischen Kurwürde im Jahr 1623. Diese Rangerhöhung bedeutete für Maximilian von Bayern den Aufstieg in das Kurkollegium, das heißt also in den Kreis derjenigen sieben Reichsfürsten, die zur Kaiserwahl berechtigt waren. Ebenfalls in die frühen 1620er-Jahre fällt die durch Maximilian initiierte monumentale Umgestaltung des Grabmals von Kaiser Ludwig IV. dem Bayern. Mit dieser Aktion sollte – ebenso wie mit dem Ausbau der Residenz – die Kaiserfähigkeit des Hauses Wittelsbach sichtbaren Ausdruck erhalten.

Auf vielen Gebieten war zu Beginn des 17. Jahrhunderts eine Verschärfung der konfessionellen Gegensätze im Reich spürbar. In diese allgemeine Atmosphäre wachsenden Misstrauens fügt sich auch der Zusammenschluss konfessionell ausgerichteter Militärbündnisse in den frühen Jahren des 17. Jahrhunderts: 1608 erfolgte die Gründung der (protestantischen) Union von Auhausen, im darauf folgenden Jahr die Gründung der Katholischen Liga, die zum schlagkräftigen Instrument der kommenden kriegerischen Auseinandersetzung wurde. Als 1619 die böhmischen Stände im Widerstand gegen den Habsburger Thronanwärter den calvinistischen Kurfürsten von der Pfalz, Friedrich V., zum König wählten und dieser die Wahl annahm, war der Krieg unausweichlich. Bereits 1620 kam es zur Entscheidungsschlacht, in der das ligistische Heer den Pfälzer besiegte. Friedrich von der Pfalz verlor nicht nur sein neues Königreich, sondern auch seine pfälzischen Stammlande und den Kurfürstentitel. Herzog Maximilian von Bayern profitierte als siegreicher Akteur auf dem böhmischen Kriegsschauplatz durch Territorialzuwachs und Rangerhöhung.
Die trotz Bündnisschlusses (Union) in vielerlei Hinsicht uneinigen protestantischen Reichsstände erkannten nun nach dem katholischen Sieg und seinen Folgen Handlungsbedarf, befanden sich jedoch fast ein Jahrzehnt in der Defensive (Restitutionsedikt 1629). Erst das Erscheinen König Gustav II. Adolfs von Schweden auf dem deutschen Kriegsschauplatz 1630 brachte die Wende. Das Eingreifen des Schwedenkönigs wurde in der protestantischen Kriegspropaganda in apokalyptischen Kategorien gedeutet, seine Person zum „Löwen aus Mitternacht", das heißt aus dem Norden (nach Daniel 11), stilisiert. Die rasche Folge seiner Siege stärkte die protestantische Seite, sein Tod in der Schlacht bei Lützen 1632 führte zu einer regelrechten Verklärung seiner Person.
Trotz einer wichtigen Regelung im Prager Frieden von 1635 dauerte der Dreißigjährige Krieg aufgrund der komplizierten Interessenlage der in Deutschland operierenden europäischen Mächte Schweden, Frankreich und Spanien noch bis zu den Westfälischen Friedensschlüssen des Jahres 1648.

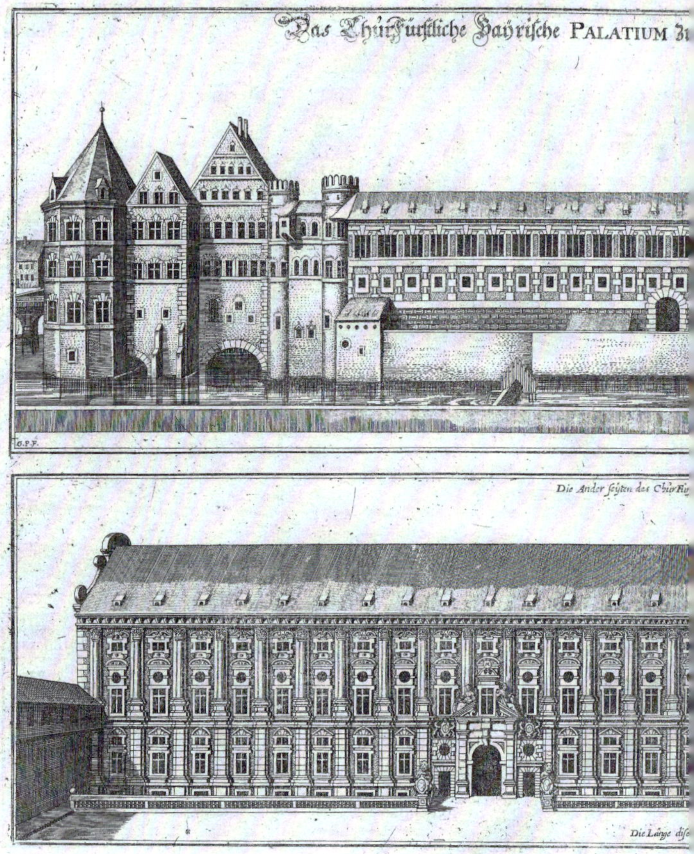

Kupferstichansicht der Residenz von Matthäus Merian, Frankfurt 1644. Die obere der beiden Ansichten zeigt die Nordfassade der damaligen Schlossanlage (etwa entlang der heutigen Hofgartenstraße); ganz links im Bild erkennt man

Gustav Adolf als ungebetener Gast

Die machtvollen Perspektiven der ersten Halbzeit der Regierung Maximilians erhielten mit dem Anmarsch des schwedischen Heeres auf Süddeutschland 1632 einen schweren Dämpfer. Bayern konnte dem Vorrücken der Truppen König Gustav

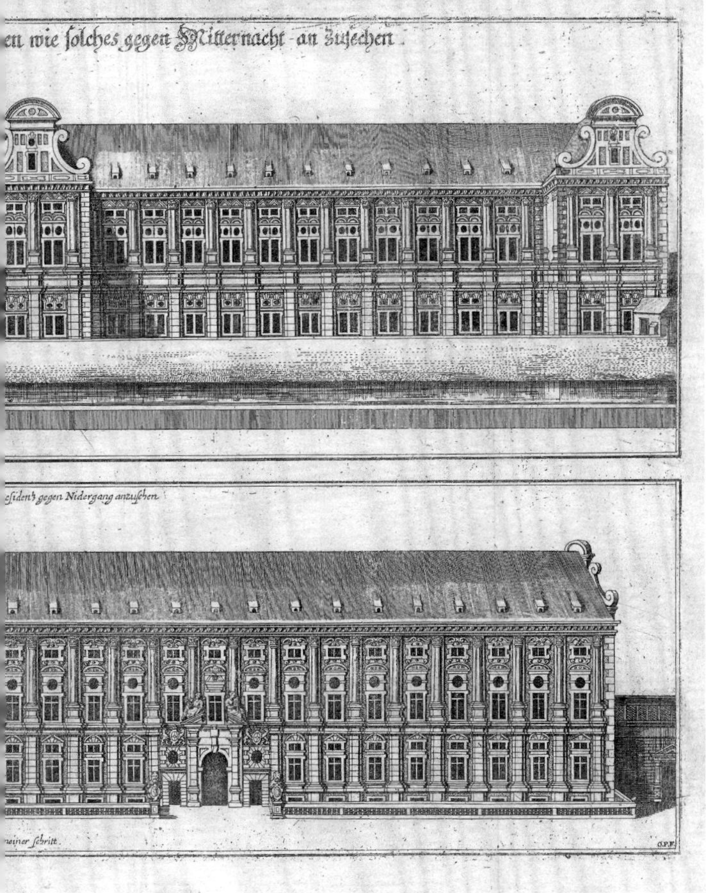

deutlich den älteren Baukörper der Neuveste. Die untere Ansicht zeigt die Westfassade (entlang der heutigen Residenzstraße).

Adolfs keinen wirksamen Widerstand entgegensetzen. Dieser drang nicht nur in bayerisches Territorium ein, sondern er stand im Mai 1632 vor den Toren Münchens. Die Stadt war zwar durch Maximilian stark befestigt worden, der Kurfürst selbst aber weilte in der Landesfestung Ingolstadt, während seine Familie nach Burghausen in Sicherheit gebracht worden

Königlicher Mayestatt zu Schweden rc.
Einridts in München/
Kurtze erzehlung / vnnd was darbey vorgangen: Geschehen den 7. May / dieses 1632. Jahrs am Tag Gottfriedi.

MDCXXXII.

Eine kleine anonyme Druckschrift, deren hier abgebildeter Titelholzschnitt das Stadtwappen zeigt, berichtet über die schwedische Besetzung Münchens (VD 17 75:679440E).

war. So musste die Münchner Bürgerschaft Mitte Mai die Stadtschlüssel übergeben und in die Bedingungen der Besatzungsmacht einwilligen (siehe oben S. 29–32), woraufhin Gustav Adolf in die Stadt einzog. In seinem Gefolge befanden sich zwei evangelische Wittelsbacher aus der pfälzischen Linie: Friedrich, der vormalige Kurfürst von der Pfalz und böhmische Winterkönig, der 1620 in der Schlacht am Weißen Berg vernichtend geschlagen worden war, und Pfalzgraf Wolfgang Wilhelm von Sulzbach. Der Schwedenkönig nahm für zehn Tage, vom 17. bis 27. Mai, Quartier in der Residenz Maximilians. Er war von deren Pracht so begeistert, dass er sie am liebsten verladen und nach Schweden hätte bringen lassen.

Am Himmelfahrtstag, dem 20. Mai, wurde in Anwesenheit Gustav Adolfs im schönsten und größten Raum der Neuveste, dem Georgssaal, ein evangelischer Gottesdienst gefeiert. Dabei erklang das Danklied „Nun freut euch, lieben Christen g'mein“, dessen Text von Martin Luther stammt. Im Übrigen behinderte aber die schwedische Besatzung nicht die Feier der katholischen Messe in den Kirchen der Stadt. Vielmehr ist

Gustav Adolfs persönliches Interesse für den ihm so fremdartigen Kultus überliefert.

Nach einer mehrtägigen Abwesenheit kehrte der Schwedenkönig am 6. Juni noch einmal für eine Nacht nach München zurück, nahm aber diesmal Quartier in einem Gasthaus am Markt, das damals noch unter dem Namen der früheren Besitzer „Zum Freyhamer“ hieß; dieses Haus befand sich als drittes Haus – vom Wurmeck gerechnet – an der Nordseite des Schrannenplatzes (heute Neues Rathaus, Marienplatz 8). Nur wenige Jahre später – nachdem die unmittelbaren Folgen der schwedischen Besatzung überwunden waren – löste Kurfürst Maximilian ein Gelöbnis ein und ließ auf der Mitte des Marktes zum Dank für die Verschonung der Stadt im Krieg durch die Fürsprache der Mutter Gottes die Mariensäule errichten. Sie wurde im Jahr 1638 feierlich eingeweiht (siehe oben S. 11).

Der evangelische Hofgottesdienst der Kurfürstin

Der evangelische Himmelfahrtsgottesdienst des Jahres 1632 blieb für eine lange Zeit die Ausnahme. Erst 167 Jahre predigte in der Münchner Residenz wieder ein Protestant. Dies geschah freilich nicht auf Betreiben einer Besatzungsmacht, sondern im Dienst der neuen Kurfürstin Karoline. Sie, eine evangelische Prinzessin von Baden, hatte 1797 den Herzog Max Joseph von Pfalz-Zweibrücken geheiratet, der 1799 das Erbe in Kurpfalzbayern antrat und bald darauf als neuer Herrscher in München einzog.

Schon im Ehevertrag war festgelegt, dass Karoline ihr evangelisches Bekenntnis behalten konnte und einen eigenen Kabinettsprediger als Seelsorger bekommen sollte. Diesen Kabinettsprediger, Friedrich Ludwig Schmidt, brachte die neue Kurfürstin aus ihrer badischen Heimat mit.

Schmidt hielt am 2. Juni 1799 in Schloss Nymphenburg den ersten evangelischen Hofgottesdienst. Erstmals am 6. April 1800 wurde für den evangelischen Gottesdienst der Kurfürstin und ihres Hofstaates die neu eingerichtete protestantische Hofkirche in der Residenz genutzt. Den vorausgehenden Winter

Aus den Erinnerungen des ersten evangelischen Kabinettspredigers

Friedrich Ludwig (von) Schmidt (1764–1857) schrieb wenige Jahre vor seinem Tod seine Lebenserinnerungen nieder. Sie wurden aufgrund ihrer präzisen Einblicke in die Frühzeit der protestantischen Gemeinde in München schon 30 Jahre später gedruckt. Er berichtet über seine Anfänge in München:

Meine Anstellung bei der Kurfürstin wurde ganz persönlich betrachtet – ich war ihr Beichtvater, ihr Gottesdienst war Privatgottesdienst, und ich hiess statt Hofprediger Kabinettsprediger. Übrigens war allen Protestanten gestattet, an diesem Privatgottesdienste Teil zu nehmen, und auch den Katholiken war es nicht verwehrt; vielmehr sah es die Regierung gerne, wenn dadurch der altbayerische Obskurantismus etwas vermindert, und liberalen Ansichten Eingang verschafft werden konnte, – So hatte ich immer selbst junge Geistliche unter meinen Zuhörern, mit denen sich zuweilen ein freundliches und wirksames Verhältnis für meine Zukunft anknüpfte. […]

In München waren Protestanten zur Zeit meiner Ankunft eine ganz neue Erscheinung. Die meisten Einwohner hatten in ihrem Leben keinen gesehen, und glaubten, sie müssten ganz anders aussehen, als andere Leute, darum war die Furcht vor diesen gefährlichen Ketzern und ihr bigotter Intolerantismus sehr begreiflich. Nur 3 Protestanten fanden sich in der Hauptstadt bei Karl Theodors Tode [der Kurfürst war 1799 gestorben]*, zwei Schauspieler und ein Instrumentenmacher; und diese mussten öffentlich als Katholiken erscheinen, und gingen einmal des Jahres nach Augsburg, um dort zu kommunizieren* [d. h. das Abendmahl nach evangelischem Verständnis zu empfangen; AG]. *Bei sobewandten Umständen musste ich erwarten, wie ein unheimliches Wundertier angestaunt und mit Abscheu und Hass gemieden zu werden. Und gegen alle Erwartung und zu meiner höchsten Verwunderung hatte ich von meinem ersten Auftreten an keine Spur von Misstrauen und Verachtung, noch viel weniger eine Kränkung oder Beleidigung erfahren.*

Porträt des Kabinettspredigers und späteren ersten protestantischen Stadtpfarrers Münchens, Friedrich Ludwig (von) Schmidt (1764–1857).

über wurde in einem Provisorium der Residenz Gottesdienst gehalten. Die passende Räumlichkeit für die neue Hofkirche wurde im ehemaligen Ballhaus der Residenz gefunden, das an die Nordwestecke des Brunnenhofes angrenzte. Schon bald zählten nicht nur die etwa 150 Mitglieder des evangelischen Hofstaates der Kurfürstin (seit 1806: Königin) zu Schmidts Hörern. Viele interessierte Münchner frequentierten den evangelischen Hofgottesdienst.

In die Neugier der Münchner Bevölkerung mischte sich gelegentlich noch Unsicherheit im Umgang mit den nicht-katholischen Christen, die in zeitgenössischer Terminologie in München häufig auch einfach „Akatholiken“ genannt wurden. So berichtet Friedrich Ludwig Schmidt in seinen Lebenserinnerungen von der zunächst erfolgreichen Suche einer Mietwohnung bei einem Münchner Bierbrauer. Als dieser allerdings von Beruf und Konfession seines neuen Mieters erfuhr, kündigte er unter größtem Bedauern sofort wieder das Mietverhältnis, aus Angst, Gott könne ihn und sein Haus durch Blitzschlag strafen, wenn er einen Evangelischen beherberge. Schmidt zeigte Ver-

Beschreibung der protestantischen Hofkirche

Christian Müller gibt in seinem zweibändigen Werk über das zeitgenössische München eine anschauliche Beschreibung über Ausstattung und Nutzung der protestantischen Hofkirche:

Die evangelische Hofkirche verdankt dem herrlichen Toleranzgeiste Max-Josephs und dem frommen Sinne der Königin ihre Entstehung. Von 1632, wo Gustav Adolf predigen ließ, ist in München, bis zur Eröffnung dieser evangelischen Hofkirche, niemals protestantischer Gottesdienst gehalten worden. Einfach, bescheiden und glanzlos, wie der evangelische Kultus, ist auch der kleine Tempel der über 6000 Individuen angewachsenen Gemeinde. Keine Altarblätter, keine Deckengemälde, keine marmorne von Gold und Schimmer glänzende Säulen und Altäre reizen hier das Auge: und doch waltet etwas hier, was den schönen Prunk entbehrlich macht.

Schon ist diese kleine Hofkirche für die Zahl der Gemeinde und der Besuchenden viel zu eng geworden: und die Evangelischen sehen daher bald der Einräumung einer noch größern Kirche in der Stadt von der königlichen Huld entgegen.

ständnis für die Sorgen des Mannes und bezog zunächst eine Dienstwohnung im Ostflügel der Residenz. Erst später zog er vorübergehend in die Stadt und nahm zuerst Wohnung am Marienplatz, dann in einem Neubau, dem Himbselhaus am Maximiliansplatz (am heutigen Standort der alten Börse).

Die Protestanten werden in München heimisch

Schmidts Dienstverhältnis und Aufgabenbereiche erfuhren in den kommenden Jahren eine erhebliche Ausweitung. Dies stand einerseits im Zusammenhang mit dem verstärkten Zuzug von Protestanten in die bayerische Hauptstadt, andererseits mit der rechtlichen Besser- und schließlich Gleichstellung der Bekenntnisse.

Porträt der ersten protestantischen Landesmutter, Königin Karoline von Bayern (1776–1841). – Lithografie von Robert Theer nach einem Gemälde von Johann Ender, um 1830.

Ein erster Schritt hierzu war die mit Entschiedenheit und Nachdruck verordnete Einbürgerung – d. h. die Verleihung des formalen Bürgerrechts – des ersten Protestanten in München im Sommer 1801. Es handelte sich dabei um den Weinwirt Johann Balthasar Michl (1755–1818), der aus der damals zu Kurpfalzbayern gehörenden Stadt Mannheim stammte und ein Haus in der Rosenstraße 10 erwarb. Im Jahr 1803 erhielten die protestantischen Untertanen des bayerischen Kurfürsten erstmals die Freiheit, ihr Bekenntnis öffentlich zu leben. Für die Münchner Protestanten war die Gründung einer eigenen Stadtpfarrei im Jahr 1806 von großer Bedeutung. Da lag es nahe, dass Schmidt der erste protestantische Stadtpfarrer wurde.

Die evangelischen Christen wurden in der Folgezeit in München immer sichtbarer, doch fehlte es zunächst noch an einem eigenen Sakralbau. Bis zur Nutzung einer eigenen Kirche außerhalb der Residenz sollten noch viele Jahre vergehen, denn die vom König übertragene Salvatorkirche (Salvatorstraße 17) erwies sich von Anfang an als zu klein. Der Neubau eines eigenständigen Kirchenbaus wurde erst in den 1820er-Jahren in Angriff genommen und 1833 vollendet; es handelte sich um die alte Matthäuskirche auf der Sonnenstraße.

Als 1808 schließlich für ganz Bayern eine zentrale Kirchenbehörde geschaffen wurde, die dem Innenministerium unterstellt war, wurde Schmidt außerdem zu einem evangelischen Oberkirchenrat und damit Mitglied des Generalkonsistoriums ernannt. Mittlerweile wuchs die Zahl der Einwohner Münchens, die Protestanten waren. Bis 1810 stieg ihre Zahl auf ca. 2000; das entsprach etwa einem Anteil von 5 % der Bevölkerung, der in der Folgezeit ständig zunahm.

Zusammenfassung

Einleitend wurde festgestellt, dass teilweise bis heute der Mythos von der Katholizität Bayerns und Münchens gepflegt wird. Dabei behauptet dieser Mythos sich vorwiegend im Gewand eines Klischees. Er lässt sich rational schwer fassen und historisch nur herleiten aus der äußerst erfolgreichen Kooperation zwischen Dynastie (Haus Wittelsbach) und nachtridentinischen Reformorden (bes. der Jesuiten), die in der Mitte des 16. Jahrhunderts einsetzte und ihre Wirkungen bis Ende des 18. Jahrhunderts zeitigte. Das Zusammenwirken von bayerischen Herrschern und römischem Katholizismus hat zu einem weitgehenden Vergessen geführt, welch vielfältige Spuren die evangelisch gesinnten Münchner in der Geschichte hinterlassen haben und wie der frühneuzeitliche Protestantismus auch in die bayerische Hauptstadt hineingestrahlt hat.

Schon im unmittelbaren zeitlichen Umfeld von Luthers Thesenveröffentlichung war auch in München der Boden für die Gedanken einer vom Humanismus inspirierten Kirchenreform bereitet. Dies zeigt sich besonders an den aus München stammenden und/oder zeitweise hier in den Bettelordensklöstern der Augustiner-Eremiten und Franziskaner wirkenden Mönchen. Zudem pflegten Letztere schon im 14. Jahrhundert unter Kaiser Ludwig IV., „dem Bayern“, kirchenpolitisch motivierte Papstkritik (namentlich: Wilhelm von Ockham).

Neben den Bettelordensvertretern, darunter ganz prominent Luthers vertrauter Ordensvorgesetzter, der Generalvikar Johannes von Staupitz, sind auch wichtige Kunstschaffende in München zu nennen, die sich im Spannungsfeld von Humanismus, Kirchenreform und Reformation bewegt haben, so die Komponisten Ludwig Senfl und Ludwig Daser, die Poeten Martin Balticus und Georg Schwarz/Nigrinus oder die Druckerfamilien Schobser und Berg.

Aus zeitgenössischem Blickwinkel ist es wichtig, darauf hinzuweisen, dass eine scharfe konfessionelle Trennlinie, wie sie sich für uns in der historischen Rückschau darstellt, in diesen Biografien vielfach nicht zu ziehen, sondern lediglich ein starkes Bedürfnis an einer Kirchenreform zu beobachten ist. An manchen Menschen, die damals mit München in Verbindung standen, lässt sich dies besonders gut zeigen, etwa an Johannes von Staupitz und Kaspar Schatzger. Andere wiederum haben trotz angedrohter oder physisch und psychisch spürbarer Repressalien ihre reformatorische Gesinnung vertreten, wie Bernhard Dichtel oder Pankraz von Freyberg.

Bei einer vertieften Beschäftigung mit der Materie fallen die vielfachen Beziehungen zwischen Wittenberg und München ins Auge. Sie entwickeln sich bereits vor Luthers Auftreten durch den regen Austausch zwischen den Augustinerkonventen hier und dort (etwa Wolfgang Ostermayr), sie finden ihre Fortsetzung durch Studenten in den stürmischen Anfangsjahren der Reformation (etwa Leonhard Reiff oder Arsatius Seehofer) und sie dauern bis in die späten Wirkungsjahre von Luthers Mitreformator Philipp Melanchthon (etwa Martin Balticus oder Zacharias Ziegler). Zum Erliegen kommt diese Beziehung erst im Zuge der konfessionellen Grenzziehungen und einer damit einhergehenden obrigkeitlichen Kontrolle.

Die Verbreitung reformatorischen Gedankenguts zog sich in München durch alle Schichten. Sowohl Vertreter des städtischen Patriziats als auch der Handwerkerschaft, des gelehrten Bürgertums und sogar Personen im Umkreis des herzoglichen Hofes sympathisierten mit den Ideen der Reformation. Diese waren über zwei bis drei Generationen hinweg im 16. Jahrhundert mit unterschiedlichen Akzenten in der Münchner Bürgerschaft präsent. Erst unter dem massiven Druck der herzoglichen Religionspolitik und unter dem Einfluss der tridentinischen Reformkräfte – besonders des Jesuitenordens – wurde die evangelische Bewegung in Bayern und seiner Hauptstadt ab Anfang der 1570er-Jahre fast vollständig ausgerottet. Die Präsenz des Schwedenkönigs Gustav Adolf im Jahr 1632 blieb eine kurze Episode und konnte daran nichts ändern.

Erst die Änderung der politischen Verhältnisse im Kurfürstentum an der Wende vom 18. zum 19. Jahrhundert, die eingebettet war in eine tiefgreifende und ganz Europa erfassende Wandlung von Staat und Gesellschaft, brachte eine Daseinsberechtigung der Protestanten in Bayern und in der Residenzstadt des neuen Königreichs. Auf unterschiedlichen Ebenen gestalteten seit den Zeiten der ersten protestantischen Monarchin, Königin Karoline, ihres Kabinettspredigers Schmidt und des ersten Münchner Bürgers protestantischen Bekenntnisses, Johann Balthasar Michl, evangelische Christen das Leben im modernen Bayern und seiner Landeshauptstadt mit. Heute sind sie aus dem Leben dieser Stadt nicht mehr wegzudenken.

Nach dem Häuserbuch der Stadt München können die folgenden Adressangaben mit Namen von Münchner Protestant(inn)en in direkte Verbindung gebracht werden. Ob und wie lange sich das genannte Haus im Eigentum der betreffenden Person befand oder nur als Wohnung diente, lässt sich in einigen Fällen nicht mit letzter Sicherheit belegen.

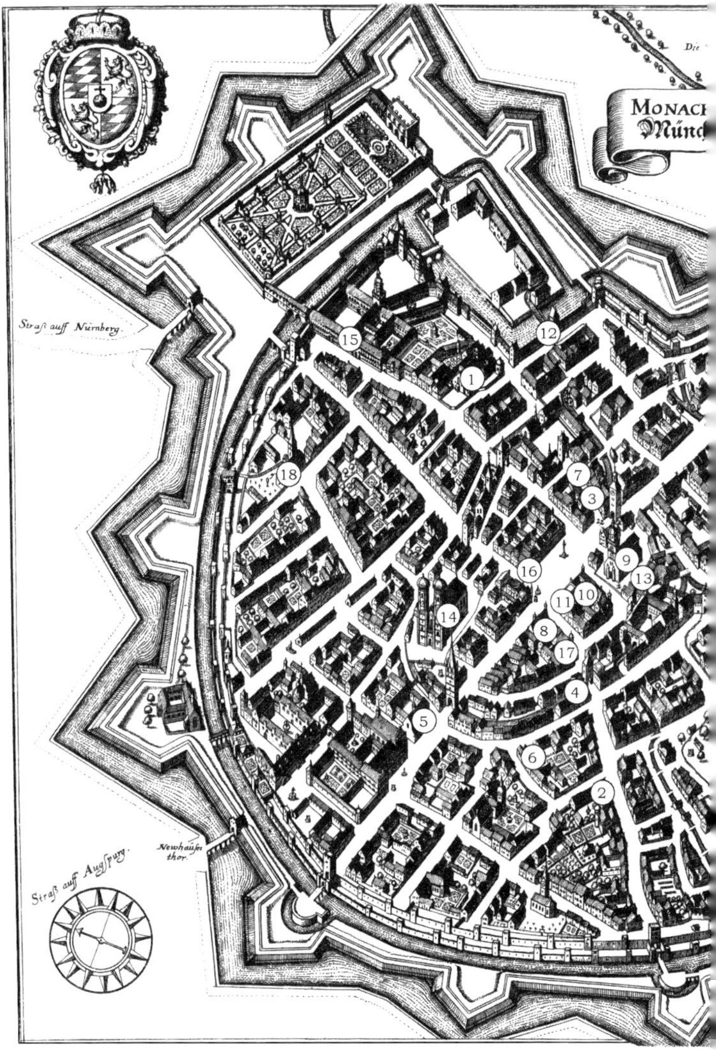

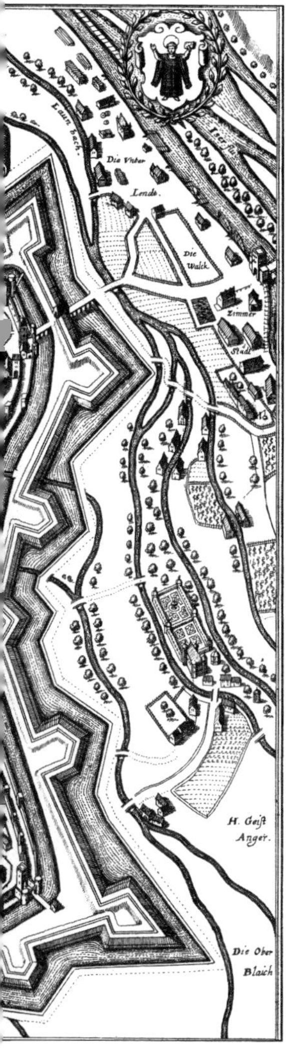

① Max-Joseph-Platz Nr. 2: ehem. Franziskanerklosterkirche, heute Standort des Bayerischen Nationaltheaters (s. S. 17) ② Sendlinger Straße 86: ehem. Gasthaus „Zum Koch in der Hölle" (s. S. 40) ③ Burgstraße 14: Wohnhaus der Elisabeth Langhover (s. S. 49) ④ Fürstenfelder Straße 15: Wohnhaus und Druckerei des Adam Berg (s. S. 51) ⑤ Neuhauser Straße 53: ehem. Augustinerklosterkirche, heute: Deutsches Jagd- und Fischereimuseum (s. S. 55) ⑥ Hofstatt 6: Wohnhaus des Ludwig Senfl (s. S. 73) ⑦ Burgstraße 17: Wohnhaus des Ludwig Daser (s. S. 78) ⑧ Rosenstraße 5 und 10: Wohnhäuser der Familien Seehofer und Steinauer (s. S. 81) ⑨ Rindermarkt 1: St. Peter mit Grabmal der Familie Seehofer, 1551 (letzte Seitenkapelle im nördlichen Seitenschiff, s. S. 81f.) ⑩ Marienplatz 27: Wohnhaus des Wilhelm Hörl (s. S. 85) ⑪ Marienplatz 28/29: Wohnhaus des Wolfgang Hag (s. S. 89) ⑫ Maximilianstraße 8: ungefährer Standort des früheren Falkenturms (s. S. 92) ⑬ Rindermarkt 2: Wohnhaus der Familie Dichtel (s. S. 97) ⑭ Frauenplatz 12: Dom zu Unserer Lieben Frau (Frauenkirche) mit Grabplatte des Franz Dichtel, 1520 (im Zugang zur Nordturm- bzw. Tulbeckkapelle (s. S. 96f.) ⑮ Residenzstraße 1: maximilianeische Residenz: 1632 Quartier Gustav Adolfs von Schweden (s. S. 108ff.), 1800ff. (angrenzend an Brunnenhof) Standort der protestantischen Hofkirche (s. S. 111f.); vor dem Bau der Residenz: Zeile mit Wohnhäusern, u.a. im Besitz des Oswald von Eck (s. S. 88) ⑯ Marienplatz 8: Gasthaus „Zum Freyhamer", Quartier Gustav Adolfs von Schweden (s. S. 111) ⑰ Rosenstraße 10: Wohnhaus des Johann Balthasar Michl (s. S. 115) ⑱ Salvatorstraße 17: Salvatorkirche, ehem. Friedhofskirche der Frauenpfarrei, im 19. Jh. vorübergehend an Protestantische Pfarrei München vergeben, ab 1829 Griech.-orth. Kirche (s. S. 116)

Zeitleiste

1347	Kaiser Ludwig IV., genannt „der Bayer“, stirbt auf der Jagd bei Fürstenfeld; er wird in der Münchner Frauenkirche begraben, wo die Wittelsbacher ihm zu Anfang des 17. Jahrhunderts ein monumentales Kenotaph errichten lassen
1347/49	Der englische Franziskanergelehrte Wilhelm von Ockham, der nach Luthers Auffassung am Beginn fundamentaler Papstkritik stand, stirbt in München
1482	Die erste Münchner Inkunabel wird gedruckt
1500	Der Drucker Hans Schobser lässt sich dauerhaft in München nieder
1502	Der sächsische Augustiner-Eremit Johannes von Staupitz († 1524) wird kurzzeitig Prior des Münchner Konventes; zwischen 1504 und 1521 predigt er wiederholt in der Stadt. – Der Münchner Augustiner-Eremit Wolfgang Ostermayr (Cäppelmair) studiert an der neu gegründeten Universität in Wittenberg; er lehrt dort bis 1511, kehrt dann nach München zurück und wird Prior
1510/11	Der Augustinermönch Martin Luther reist nach Rom; ein Aufenthalt in München ist nicht nachweisbar
1514	Der Münchner Augustiner-Eremit Leonhard Reiff (Bavarus) studiert in Wittenberg, er wird Luthers Adlatus und begleitet den Reformator 1518 nach Heidelberg und Augsburg; 1522 bis 1524/25 wird er im Münchner Falkenturm inhaftiert; später wirkt er als Superintendent in Kurbrandenburg († 1552)
1516	Der Wittenberger Augustiner-Eremit Wenzeslaus Linck wird kurzzeitig Prediger im Münchner Konvent; er wechselt dann in die Nürnberger Ordensniederlassung und wird dort später evangelischer Prediger († 1547)
1517	Der Wittenberger Theologieprofessor Martin Luther veröffentlicht 95 Thesen zum Ablass
1518	Luther reist über Nürnberg nach Augsburg; nach seinem Verhör durch Kardinal Cajetan verlässt er die Reichsstadt fluchtartig; ein Aufenthalt in München ist nicht nachweisbar, aber Gegenstand der Legende
1519	Die erste in München gedruckte Lutherschrift erscheint
1520	Die gesamte Auflage der in München nachgedruckten „Adelsschrift“ Luthers wird konfisziert
1521	Im Januar wird der Kirchenbann über Luther verhängt; nach dem Auftritt des Reformators auf dem Wormser Reichstag folgt im Mai die Erklärung der Reichsacht (Wormser Edikt). – Der Münchner Bürgersohn Arsatius Seehofer geht zum Studium nach Wittenberg; von dort bringt er reformatorisches Gedankengut mit an die bayerische Landesuniversität Ingolstadt; 1523 klagt man ihn an und zwingt ihn zum Widerruf; die bayerische

Adlige Argula von Grumbach stellt sich publizistisch auf Seehofers Seite; Seehofer wird später evangelischer Pfarrer in Württemberg

1522 Im ersten bayerischen Religionsmandat positioniert sich Bayern gegen die Reformation, weitere Religionsmandate mit zunehmend schärferen Verordnungen (u. a. Zensur) folgen 1524, 1531, 1540, 1548, 1565, 1569 usw.

1522/23 Der Komponist Ludwig Senfl beginnt seine Wirksamkeit als Hofkapellmeister in München; er ist stark vom Humanismus geprägt und korrespondiert mit Luther

1525 Der Münchner Fernhandelskaufmann Bernhard Dichtel († 1550) legt sich mit den bayerischen Behörden an und kommt dafür in den Falkenturm

1526 Dichtels Tochter Sibylla heiratet den Nürnberger Patrizier Hieronymus Baumgartner († 1565), der mit Melanchthon eng befreundet ist und zu den führenden Köpfen der Nürnberger Reformation zählt; 1544 korrespondiert Luther mit ihr

1527 Der Franziskaner-Guardian Kaspar Schatzger, ein profilierter literarischer Gegner Luthers, stirbt in München

1529 Auf dem zweiten Reichstag in Speyer protestieren einige Reichsstände gegen eine erneute Einschärfung des Wormser Edikts („Speyrer Protestation“)

1530 Auf dem Reichstag in Augsburg wird die hauptsächlich von Melanchthon ausformulierte *Confessio Augustana* an den Kaiser übergeben; mehrere Reichsfürsten und Vertreter von Reichsstädten unterschreiben diesen Bekenntnistext. – Andreas Schobser übernimmt die väterliche Druckerei, die zunehmend an Bedeutung verliert

1537 Der ehemals evangelisch gesinnte Handwerksgeselle Johannes Nas tritt ins Münchner Franziskanerkloster ein; der begabte Prediger wird später Weihbischof von Brixen

1543 Ludwig Senfl stirbt in München

1546 Martin Luther stirbt in Eisleben

1549 Die Jesuiten werden ins Herzogtum Bayern berufen; ab 1559 wirken sie auch in München

1550 Herzog Wilhelm IV. stirbt; wenige Tage später stirbt auch sein langjähriger Kanzler Leonhard von Eck. – Die Regierungszeit Herzog Albrechts V. († 1579) beginnt; ab 1558 verschärft er seine gegenreformatorische Religionspolitik

1551 Der aus München stammende Martin Balticus († 1600) hört in Wittenberg Melanchthons Vorlesungen; er leitet ab 1554 die Münchner Poetenschule, wo etwa gleichzeitig auch der Melanchthonschüler Georg Schwarz (Nigrinus) wirkt; Balticus muss die Stadt aber schon 1559 verlassen und lässt sich als Lateinschullehrer in Ulm nieder

1552 Der gebürtige Münchner Ludwig Daser († 1589) wird Leiter der Münchner Hofkapelle; aufgrund seiner protestantischen Gesinnung verlässt er etwa 20 Jahre später Bayern und tritt in den Dienst des Herzogs von Württemberg

1553/54 Der ehemalige Münchner Franziskanermönch Sigmund Salminger, zwischenzeitlich führender Anhänger der Augsburger Täufergemeinde, dann Schulmeister und Stadtpfeifer, stirbt in Augsburg

1555 Der auf dem Reichstag in Augsburg ausgehandelte Religionsfriede verschafft dem Protestantismus im Reich auf der Basis der *Confessio Augustana* rechtliche Anerkennung; jeder Landesherr kann künftig die Konfession seiner Untertanen bestimmen; Auswanderung ist aus konfessionellen Motiven erlaubt

1558 Der Münchner Zacharias Ziegler († 1616) studiert in Wittenberg; er wird später Pfarrer und Dekan im mittelfränkischen Wassertrüdingen. – Warmund von Eck, Sohn des evangelisch gesinnten Oswald von Eck († 1573) und Enkel des bayerischen Kanzlers Leonhard von Eck, studiert bei Melanchthon in Wittenberg

1560 Philipp Melanchthon, der seit 1518 an der kursächsischen Landesuniversität lehrt, stirbt in Wittenberg

1564 Einige bayerische Adlige, darunter der Münchner Hofmarschall Pankraz von Freyberg († 1565), werden wegen ihrer evangelischen Gesinnung und angeblicher Verschwörung ihrer Ämter enthoben und vorübergehend im Falkenturm inhaftiert. – Adam Berg († 1609) folgt auf Andreas Schobser als einziger Drucker in München (bis Ende des 16. Jahrhunderts)

1569/71 Zwei umfangreiche Religionsverhöre finden statt, in deren Verlauf einige Münchner Familien emigrieren

1594 Der Münchner Hofkapellmeister Orlando di Lasso stirbt

1598 Herzog Maximilian übernimmt von seinem Vater, Herzog Wilhelm V. († 1626), die Regierung

1620 Die Schlacht am Weißen Berg bringt den Sieg der Katholischen Liga unter Bayerns Führung

1623 Herzog Maximilian wird Kurfürst

1632 König Gustav II. Adolf von Schweden († 1632) übernachtet als Besatzer in München; er lässt in der Residenz einen evangelischen Gottesdienst feiern. – Eine 26-monatige Haft von 42 Münchner Schwedengeiseln beginnt

1634 Konversion des Franziskanermönchs Johann Friedrich (Blasius) Rechbacher, der zu den Münchner Schwedengeiseln gehört, zum Protestantismus; Rechbacher stirbt 1666 als evangelischer Pfarrer im Württembergischen

1638 Aufstellung der Mariensäule in München

1648 Die Friedensschlüsse von Münster und Osnabrück beenden den Dreißigjährigen Krieg

1651 Kurfürst Maximilian I., unter dem die Stellung Bayerns als katholische Vormacht gefestigt wird, stirbt

1679 Der Münchner Franziskaner und Chronist des Dreißigjährigen Krieges Franz Sigl stirbt

1799 Herzog Maximilian Joseph von Pfalz-Zweibrücken († 1825) erbt den bayerischen Gesamtstaat und wird Kurfürst; seine evangelische Frau Karoline († 1841) bringt den Kabinettsprediger Friedrich Ludwig Schmidt († 1857) aus ihrer badischen Heimat mit nach München; 1799 hält er Hofgottesdienste im Schloss Nymphenburg, ab 1800 im neu eingerichteten Betsaal in der Residenz

1801 Der aus Mannheim stammende Weinwirt und Pferdehändler Johann Balthasar Michl († 1818) erhält als erster Protestant das Münchner Bürgerrecht

1802/03 Die Klöster in Bayern werden säkularisiert, darunter auch das der Augustiner-Eremiten und der Franziskaner in München

1803 Ein kurfürstliches Edikt gewährt den Protestanten in Bayern Religionsfreiheit und Gleichstellung

1806 München wird Haupt- und Residenzstadt des neuen Königreichs – im selben Jahr wird die protestantische Stadtpfarrei München gegründet, Kabinettsprediger Schmidt wird erster Stadtpfarrer (bis 1818)

Auswahlliteratur

Album Academiae Vitebergensis (Bd. 1: ab a. ch. MDII usque ad a. MDLX), hrsg. von Carl Eduard Foerstemann, Leipzig 1841; Bd. 2, hrsg. von Otto Hartwig, Halle/Saale 1894; Bd. 3: Index, hrsg. von Karl Gerhard, Halle/Saale 1905 [Nachdruck Aalen 1976]. [= AAV].

Appl, Tobias: Die Kirchenpolitik Herzog Wilhelms V. von Bayern. Der Ausbau der bayerischen Hauptstädte zu geistlichen Zentren (Schriftenreihe zur Bayerischen Landesgeschichte Bd. 162), München 2011.

Arnold-Becker, Alice: Schloss Hohenschwangau: Die Wandbilder eines Gebirgspalastes, Stuttgart 2011.

Bayern, Adalbert Prinz von: Als die Residenz noch Residenz war, München 1967.

Bosl, Karl: Die „Geistliche Hofakademie“ Kaiser Ludwigs des Bayern im alten Franziskanerkloster zu München, in: Der Mönch im Wappen ..., S. 97–129.

Braun, Gustav: Eine Pfarrbesetzung aus dem Jahre 1611, in: Beiträge zur bayerischen Kirchengeschichte 6, 1900, S. 31–42.

Bronner, Franz Josef: Bairisch Land (diesseits des Rheins) in Wort und Bild. Ein Buch zur Unterhaltung und Belehrung für jedermann [...]. Bd. 1, München 1898.

Clemen, Otto: Briefe an Melanchthon zur bayerischen Kirchengeschichte, in: Zeitschrift für bayerische Kirchengeschichte 11, 1936, S. 32–40 [Nachdruck: Ders.: Kleine Schriften zur Reformationsgeschichte (1897–1944), hrsg. von Ernst Koch, Bd. VI (1933–1944), Leipzig 1985, S. 156–164].

Clemen, Otto: Ergänzungen zu Kawerau, Caspar Güttel, in: Zeitschrift des Harzvereins für Geschichte und Altertumskunde 31, 1898, 316–322 [Nachdruck: Ders.: Kleine Schriften zur Reformationsgeschichte (1897–1944), hrsg. von Ernst Koch, Bd. I (1897–1903), Leipzig 1982, S. 92–98].

Der Mönch im Wappen. Aus Geschichte und Gegenwart des katholischen München, München-Zürich 1960.

Dirr, Pius: Buchwesen und Schrifttum im alten München 1450–1800. Kulturgeschichtliche Studien, München 1929.

Dorn, Ernst: Der Sang der Wittenberger Nachtigall in München. Eine Geschichte des Protestantismus in Bayerns Hauptstadt in der Zeit der Reformation und Gegenreformation des 16. Jahrhunderts, München 1917.

Dreher, Max: Die Augustiner-Eremiten in München im Zeitalter der Reformation und des Barock (16. bis Mitte des 18. Jahrhunderts) (Studien zur Kirchengeschichte Bd. 1), Hamburg 2003.

Filscher, Leo: Schwäbische Sagen und Geschichten, Paderborn 2015 [Nachdruck der Ausgabe Augsburg 1906].

GELDNER, FERDINAND: Ein halbes Jahrtausend Buchdruck in München und Baiern (28. Juni 1482–28. Juni 1982), in: Gutenberg-Jahrbuch 57, 1982, S. 197–208.

GELMI, JOSEF: Eine weitgehend unbekannte Kurzbiographie über Johannes Nas, in: Brandmüller, Walter u. a. (Hrsg.): Ecclesia militans. Studien zur Konzilien- und Reformationsgeschichte Remigius Bäumer zum 70. Geburtstag gewidmet. Bd. 2: Zur Reformationsgeschichte, Paderborn u. a. 1988, S. 475–490.

Geschichte der ersten Bürgeraufnahme eines Protestanten in München. Ein Beitrag zur Charakteristik der Baierischen Landstände mit Urkunden, o. O. 1801 [ND München 1976].

GOCKERELL, NINA: Das Bayernbild in der literarischen und „wissenschaftlichen" Wertung durch fünf Jahrhunderte. Volkskundliche Überlegungen über die Konstanten und Varianten des Auto- und Heterostereotyps eines deutschen Stammes (Miscellanea Bavarica Monacensia Bd. 51), München 1974.

GOETZ, WALTER UND THEOBALD, LEONHARD (BEARB.): Beiträge zur Geschichte Herzog Albrechts V. und der sog. Adelsverschwörung von 1563 (Briefe und Akten zur Geschichte des sechzehnten Jahrhunderts Bd. 6), Leipzig 1913.

GÖSSNER, ANDREAS: Caroline von Bayern und der Protestantismus in München, in: Zeitschrift für bayerische Kirchengeschichte 68, 1999, S. 125–132.

GÖSSNER, ANDREAS: Art. Schmidt, Friedrich Ludwig (von), in: Biographisch-Bibliographisches Kirchenlexikon, Band 38, Nordhausen 2017 [im Druck].

HEIL, DIETMAR: Die Reichspolitik Bayerns unter der Regierung Herzog Albrechts V. (1550–1579) (Schriftenreihe der Historischen Kommission bei der Bayerischen Akademie der Wissenschaften Bd. 61), Göttingen 1998.

HEIMERS, MANFRED PETER: Krieg, Hunger, Pest und Glaubenszwist: München im Dreißigjährigen Krieg, München 1998.

HUEBER, FORTUNATUS: Dreyfache Cronickh von dem dreyfachen Orden deß grossen Heyligen Seraphinischen Ordens-Stiffters Francisci, soweit er sich in Ober- und Nider-Teutschland ... erstrecket, München 1686.

JESSE, HORST: Die Geschichte der Evangelisch-Lutherischen Kirchengemeinden in München und Umgebung 1510–1990, Neuendettelsau 1994.

KIEFHABER, JOHANN KARL SIGMUND: Sendschreiben Dr. Martin Luthers an Ludwig Senfel. Zum Andenken der Gedächtnißfeyer der von Luther vor 300 Jahren bewirkten Kirchenverbesserung [...], München 1817.

KITZMANN, ARMIN RUDI: Das offene Tor. Aus der Geschichte der Protestanten in München, München 1990.

KLAUS, BERNHARD: Luther im Bayernland, in: Zeitschrift für bayerische Kirchengeschichte 53, 1984, S. 79–102.
KLOOS, RUDOLF (BEARB.): Die Inschriften der Stadt und des Landkreises München (Die Deutschen Inschriften Bd. 5), Stuttgart 1958.
KNAPPE, WILHELM: Wolf Dietrich von Maxlrain und die Reformation in der Herrschaft Hohenwaldeck. Ein Beitrag zur Geschichte der deutschen Reformation und Gegenreformation (Quellen und Forschungen zur bayerischen Kirchengeschichte Bd. 4), Leipzig-Erlangen 1920.
KNÖPFLER, ALOIS: Die Kelchbewegung in Bayern unter Herzog Albrecht V. Ein Beitrag zur Reformationsgeschichte des 16. Jahrhunderts, München 1891.
KÖNIG, ERICH (HRSG.): Konrad Peutingers Briefwechsel (Veröffentlichungen der Kommission für Erforschung der Geschichte der Reformation und Gegenreformation; Humanistenbriefe Bd. 1), München 1923.
[LUTHER, MARTIN:] D. Martin Luthers Werke: kritische Gesamtausgabe. Abt. Briefwechsel. 18 Bde. Weimar 1930–1985. – Sonderedition der Kritischen Gesamtausgabe (Weimarer Ausgabe), Weimar 2002. [= WAB]
[LUTHER, MARTIN:] D. Martin Luthers Werke: kritische Gesamtausgabe. Abt. Tischreden. 6 Bde. Weimar 1912–1921. – Sonderedition der Kritischen Gesamtausgabe (Weimarer Ausgabe), Weimar 2000. [= WATR]
[LUTHER, MARTIN:] Martin Luther: Ausgewählte Schriften, hrsg. von Karin Bornkamm und Gerhard Ebeling, Bd. 6: Briefe, Frankfurt am Main 1982.
Luthers Acta Augustana 1518 deutsch: Dokumente vom letzten Gespräch Roms mit Luther in Augsburg vor seiner Exkommunikation. Ausgew. und eingel. Von Klaus-Peter Schmid, Augsburg 1982.
MASSMANN, HANS FERDINAND: Luther auf Hohenschwangau und in Rom, in: Zeitschrift für die historische Theologie 5, 1835, S. 268–293.
MATHESIUS, JOHANNES: Ausgewählte Werke. Dritter Band: Luthers Leben in Predigten. Kritische Ausgabe mit Kommentar von Georg Loesche (Bibliothek Deutscher Schriftsteller aus Böhmen IX), Prag ^{2}1906.
METZGER, EDELGARD: Leonhard von Eck (1480–1550). Wegbereiter und Begründer des frühabsolutistischen Bayern, München / Wien 1980.
MOENCKE, GISELA: Hans Schobsers Münchner Drucke 1500–1530. Eine bibliographische Nachlese, in: Archiv für Geschichte des Buchwesens 69, 2014, S. 21–45.
MÜLLER, CHRISTIAN: München unter König Maximilian Joseph I. Ein historischer Versuch zu Baierns rechter Würdigung. Bd. 1, Mainz 1816.
MÜLLER, GERHARD U. A. (HRSG.): Handbuch der Geschichte der evangelischen Kirche in Bayern. Bd. 1: Von den Anfängen des Christentums bis zum Ende des 18. Jahrhunderts, St. Ottilien 2002.

Müller, Walter: „Der Löwe aus Mitternacht“. Gustav Adolf kam bis München, München 1994.
Preger, Konrad: Pankraz von Freyberg auf Hohenaschau. Ein bairischer Edelmann aus der Reformationszeit (Schriften des Vereins für Reformationsgeschichte Bd. 40), Halle 1893.
Radlkofer, Max: Jakob Dachser und Sigmund Salminger, in: Beiträge zur bayerischen Kirchengeschichte 6, 1900, S. 1–30.
Ramisch, Hans; Steiner, Peter B. (Red.): Die Münchner Frauenkirche: Restaurierung und Rückkehr ihrer Bildwerke, München 1994.
Reske, Christoph: Die Buchdrucker des 16. und 17. Jahrhunderts im deutschen Sprachgebiet. Auf der Grundlage des gleichnamigen Werkes von Josef Benzing (Beiträge zum Buch- und Bibliothekswesen Bd. 51), Wiesbaden 2007.
Riezler, Sigmund: Geschichte Baierns. Zweiter Band (bis 1347), Gotha 1880.
Roepke, Claus-Jürgen: Die Protestanten in Bayern, München 1972.
Roser, Hans: Altbayern und Luther. 40 Portraits, München 1996.
Rössler, Hans: Geschichte und Strukturen der evangelischen Bewegung im Bistum Freising (Einzelarbeiten aus der Kirchengeschichte Bayerns Bd. 42), Nürnberg 1966.
Rössler, Hans: Warum Bayern katholisch blieb. Eine Strukturanalyse der evangelischen Bewegung im Bistum Freising 1520–1570, in: Beiträge zur altbayerischen Kirchengeschichte 33, 1981, S. 91–108.
Roth, Friedrich: Eine Lutherische Demonstration in der Augustinerkirche zu München im Jahre 1558. Ein Beitrag zur Lebensgeschichte des P. Wolfgang Sedelius und der Gegenreformation in Bayern, in: Beiträge zur bayerischen Kirchengeschichte 6, 1900, S. 97–109.
Schäfer, Dieter: Aufstieg, Fall und Ruhm des Pankraz von Freyberg, Prien am Chiemsee 1996.
Schaich, Michael: Art. Seehofer, Arsacius, in: Biographisches Lexikon der Ludwig-Maximilians-Universität München, hrsg. von Laetitia Boehm u. a., Teil I: Ingolstadt-Landshut 1472–1826 (Ludovico Maximilianea, Forschungen 18), Berlin 1998, S. 392–394.
Schinzel-Penth, Gisela: Sagen und Legenden von München, Frieding ²1979.
Schmidt, Friedrich Ludwig: Lebenserinnerungen, in: Blätter für Bayerische Kirchengeschichte 1, 1887/88, S. 55–72. 81–87. 104–107. 119–124.
Schottenloher, Karl: Der Münchner Buchdrucker Hans Schobser 1500–1530, München 1925 [ND Nieuwkoop 1967].
Schwaiger, Georg (Hrsg.): Monachium sacrum. Festschrift zur 500-Jahr-Feier der Metropolitankirche Zu Unserer Lieben Frau in München, Bd. 1, München 1994.
Seibert, Hubertus (Hrsg.): Bayern und die Protestanten, Regensburg 2017 [im Druck].

SPRUSANSKY, SVETOZAR: 175 Jahre Evangelische Kirche in München: Ausstellung des Landeskirchlichen Archivs, München 1976.
STADTARCHIV MÜNCHEN (HRSG.): Häuserbuch der Stadt München. Bd. 1: Graggenauer Viertel, München 1958; Bd. 2: Kreuz Viertel, München 1960; Bd. 3: Hackenviertel, München 1962; Bd. 4: Angerviertel, München 1966; Bd. 5: Register, München 1977.
STAHLEDER, HELMUTH: Älteres Häuserbuch der Stadt München. Hausbesitz und Steuerleistung der Münchner Bürger 1368–1571: Innere Stadt Petri, Anger- und Hackenviertel, München 2006.
STAHLEDER, HELMUTH: Älteres Häuserbuch der Stadt München. Hausbesitz und Steuerleistung der Münchner Bürger 1368–1571: Innere Stadt, Kreuzviertel und Graggenauer Viertel, München 2006.
STAHLEDER, HELMUTH: Chronik der Stadt München, Bd. 2: Belastungen und Bedrückungen. Die Jahre 1506–1705, München 2005; Bd. 3: Erzwungener Glanz. Die Jahre 1706–1818, München 2005.
STARK, J. G.: Die Reformation in Bayern und den angrenzenden Pfalzen. Eine specialgeschichtliche Abhandlung, Hof 1881.
STÖGER, MAXIMILIAN JOSEPH (HRSG.): Franz Sigl's, Franziskaners in München, Geschichte der Münchner Geißeln in schwedischer Gefangenschaft vom 7. Juni 1632 bis 3. April 1635 [...], München 1836.
TURTUR, LUDWIG UND BÜHLER, ANNA LORE: Geschichte des protestantischen Dekanates und Pfarramtes München 1799–1852. Ein Beitrag zur bayerischen Religionspolitik des 19. Jahrhunderts (Einzelarbeiten aus der Kirchengeschichte Bayerns Bd. 48), Nürnberg 1969.
WESTERMAYER, GEORG: Art. Cäppelmair, Wolfgang, in: Allgemeine Deutsche Biographie, Band 3, Leipzig 1876, S. 776.
WETZEL, RICHARD: „Meine Liebe zu Dir ist beständiger als Frauenliebe". Johannes von Staupitz († 1524) und Martin Luther, in: Evangelisches Predigerseminar (Hrsg.): Luther und seine Freunde. „... damit ich nicht allein wäre" (Wittenberger Sonntagsvorlesungen), Wittenberg 1998, S. 105–124.
WOLF, GEORG JACOB (HRSG.): Das Kurfürstliche München 1620–1800. Zeitgenössische Dokumente und Bilder, München 1930 [ND Würzburg 1985].

Zitate- und Bildnachweis

Frühneuhochdeutsche Texte, die als Quellenzitate in die einzelnen Kapitel eingefügt sind, wurden in der Regel sprachlich modernisiert und in der Zeichensetzung sowie in Groß- und Kleinschreibung heutigen Lesegewohnheiten angepasst.

S. 7: Bronner: Bairisch Land ..., S. 135f.
S. 10: zitiert nach Roepke: Die Protestanten ..., S. 30.
S. 20: zitiert nach Bosl: Die „Geistliche Hofakademie" ..., S. 97.
S. 21: Riezler, Sigmund, Geschichte Baierns 2, S. 561.
S. 23: WA 11, 284,29–31.
S. 23: WA 11, 284,5.
S. 24: Radlkofer: Jakob Dachser ..., S. 7.
S. 25: zitiert nach Gelmi: Eine weitgehend unbekannte Kurzbiographie ..., S. 481.
S. 28: zitiert nach Gelmi: Eine weitgehend unbekannte Kurzbiographie ..., S. 482.
S. 28: Hueber: Dreyfache Cronickh ..., Sp. 559.
S. 34: WATR 3, 341,16-18 (Nr. 3473); 3, 44,25f. (Nr. 2871b); 4, 605,4f. (Nr. 4996); 5, 512,30f. (Nr. 6148); 4, 79, 27f. (Nr. 4018).
S. 35: zitiert nach Roepke: Die Protestanten ..., S. 17.
S. 36: WATR 2, 596,13f. (Nr. 2668a).
S. 36f.: Schinzel-Penth: Sagen ..., S. 125f.
S. 37: Filscher: Schwäbische Sagen ..., S. 46.
S. 40: Schinzel-Penth: Sagen ..., S. 126.
S. 45: zitiert nach Schottenloher: Der Münchner Buchdrucker ..., S. 8.
S. 49: zitiert nach Dorn: Der Sang ..., S. 106.
S. 50: Bayern, Herzog Albrecht V.: [Zensurmandat, München 1569], [A1^{v}] (VD 16 ZV 1152).
S. 59: WAB 2, 245,2–15; 246,31–34 (Nr. 366). – Übersetzung: Luther: Ausgewählte Schriften ... 6, S. 31–33 (Nr. 14).
S. 59–61: WAB 3, 263,1–264,24.27–29.29–38 (Nr. 726). – Übersetzung: Wetzel: „Meine Liebe ...", S. 113f.
S. 63: Westermayer: Cäppelmair ..., 776.
S. 63: WAB 7, 25,16 (Nr. 2092).
S. 65: WAB 3, 428,5f. (Nr. 821).
S. 67: WAB 4, 483,1f.; 484,14–20 (Nr. 1285). – Übersetzung: Luther: Ausgewählte Schriften ... 6, S. 97f. (Nr. 56).
S. 68: zitiert nach Clemen: Ergänzungen ..., S. 316 [S. 92].
S. 72: WATR 5, 557,11–16 (Nr. 6247).
S. 73: König: Briefwechsel ..., S. 322.
S. 74: WAB 5, 639, 1–15.21–24.36–38 (Nr. 1727). – Übersetzung: Luther: Ausgewählte Schriften ... 6, S. 133–135 (Nr. 83).
S. 75/76: Mathesius: Ausgewählte Werke ... 3, S. 210,15–20.28–211,4.
S. 76/77: Kiefhaber: Sendschreiben Dr. Martin Luthers ..., S. [3] und S. 32–34.
S. 81: zitiert nach Schaich: Art. Seehofer ..., S. 393.
S. 83: Ingolstadt, Universität: Die Artickel so Mayster Arsacius Sehofer von München durch die Hohenschul zu Ingelstat beredt [...] widerruffet un[d] verworffen hat [...], Augsburg 1523 (VD 16 I 196), [A2^{v}].

S. 86: AAV 1, 354a,10.
S. 88: Clemen: Briefe ..., S. 38 [S. 162].
S. 88: AAV 1, 354a,11f.
S. 89: zitiert nach Rößler: Geschichte und Strukturen ..., S. 43.
S. 90: zitiert nach Braun: Eine Pfarrbesetzung ..., S. 33.
S. 95: WATR 2, 441,33–442,5 (Nr. 2387b).
S. 97/98: WAB 10, 605,3–606,17.24–51 (Nr. 4009).
S. 103f.: Goetz/Theobald (Bearb.): Beiträge zur Geschichte ..., S. 10–15 (Nr. 9), Zitat: S. 14.
S. 112: Schmidt: Lebenserinnerungen ..., S. 70.
S. 114: Müller: München unter König Maximilian Joseph I. ..., S. 166f.

Bildnachweis

Andreas Gößner: 55, 108/109
Bayerische Staatsbibliothek München: 13, 14, 27, 47, 62

Entnommen aus:
Adalbert Prinz von Bayern, Bayern, Als die Residenz noch Residenz war, München 1967: 78
Hans Ramisch / Peter B. Steiner: Die Münchner Frauenkirche: Restaurierung und Rückkehr ihrer Bildwerke, München 1994: 96
Luthers Acta Augustana 1518, Augsburg 1982: 57, 66
Manfred Peter Heimers, Krieg, Hunger, Pest und Glaubenszwist, München 1998: 29
Rudolf M. Kloos Die Inschriften der Stadt und des Landkreises München, Stuttgart 1958: 82
Schäfer, Dieter: Aufstieg, Fall und Ruhm des Pankraz von Freyberg, Prien am Chiemsee 1996: 102
Stadtarchiv München (Hg.), Häuserbuch der Stadt München: 18, 93
Svetozar Sprusansky, 175 Jahre Evangelische Kirche in München. Ausstellung des Landeskirchlichen Archivs, München 1976: 113
VD 17 75: 679440E: 110

Erzbischöfliches Ordinariat München, Hauptabteilung Kunst (Foto: Wolf Christian von der Mülbe): 86/87
Hermann Rummel, Evangelisch-Lutherisches Dekanat Wassertrüdingen: 91
https://commons.wikimedia.org: 9, 16, 73, 115, 120/121
Staatliche Graphische Sammlung München: 31
Stadtarchiv München: 29
Wittelsbacher Ausgleichsfonds München (Foto: Alice Arnold-Becker): 38

Umschlagmotive: vorne: Luther vor Cajetan, kolorierter Holzschnitt, 1557 (akg-images); hinten: Standort des Falkenturms im Vergleich mit der heutigen Bebauung der Maximilianstraße (Stadtarchiv München (Hg.), Häuserbuch der Stadt München)

Personenregister

Bibliografische Information der
Deutschen Nationalbibliothek

Die Deutsche Nationalbibliothek verzeichnet diese Publikation
in der Deutschen Nationalbibliografie; detaillierte bibliografische
Daten sind im Internet über http://dnb.dnb.de abrufbar.

ISBN 978-3-7917-2851-3

Umschlag-/Reihengestaltung und Layout: Martin Veicht, Regensburg
Satz: Vollnhals Fotosatz, Neustadt a. d. Donau
Druck und Bindung: Friedrich Pustet, Regensburg
Printed in Germany 2017

Diese Publikation ist auch als eBook erhältlich:
eISBN 978-3-7917-6097-1 (epub)

Weitere Publikationen aus unserem Programm
finden Sie auf www.verlag-pustet.de
Informationen und Bestellungen unter verlag@pustet.de